Ralf-Andreas Gmelin,
Baustelle Ringkirche, Band 1

Baustelle Ringkirche

Ein monumentales Unternehmen
1888 bis 1896

Ein epochaler Wiesbadener Kirchenbau
in Entstehung

Der Autor, **Ralf-Andreas Gmelin,** (*1958) hat in Tübingen, Frankfurt am Main, Marburg und Mainz evangelische Theologie, Sozialwissenschaften und Germanistik studiert.
Er wirkt seit 2001 an der Wiesbadener Ringkirche als Pfarrer.

Baustelle Ringkirche

Ein monumentales Unternehmen

1888 bis 1896

von
Ralf-Andreas Gmelin

BoD Verlag, Norderstedt, 2021

Baustelle Ringkirche

Der Textband (1), Ein monumentales Unternehmen

Der Quellenband (2), Correspondenzen zum Bau der Ringkirche, (Q1) ist in gleicher Ausstattung im BoD-Verlag erschienen.

Der Quellenband (3), Correspondenzen zum Ausbau der Ringkirche (2/1894), (Q2) ist in gleicher Ausstattung im BoD-Verlag erschienen.

Bibliografische Information der Deutschen Nationalbibliothek:
Die Deutsche Nationalbibliothek verzeichnet diese Publikation in der Deutschen Nationalbibliografie; detaillierte bibliografische Daten sind im Internet über http://dnb.dnb.de abrufbar.

Herstellung und Verlag: BoD – Books on Demand, Norderstedt

ISBN: 9 783754 333143

Inhalt

Experiment

Experimentieren heißt das vorsätzliche Verlassen
aller bisherigen Gewohnheiten und Fertigkeiten,
die Bereitschaft also, das Bewährte zu sabotieren.
Um Gesichertes zu verlassen, braucht es Mut. –

Kunst machen heißt aber in erster Linie,
auf Sicherheiten
im ästhetischen, weltanschaulichen und sozialen Bereich
zu pfeifen.[1]

Johannes Schreiter

---

[1] Ein Hinweis von Johannes Schreiter, Brandcollagen, Zeichnungen, Heidelberger Fensterentwürfe. Katalog hrg. von Hans Gercke, Hessisches Landesmuseum Darmstadt, Das Wunderhorn, Heidelberg, 1987

Wissen statt Vermuten

Im Stadtbild von Wiesbaden steht die historistische Ringkirche auf einem prominenten Platz. Man kann kaum durch Wiesbaden kommen, ohne an ihr vorbei zu müssen. Aber was sie zu einem besonderen Bau macht, von dem der damalige Landesdenkmalpfleger, Prof. Dr. Gerd *Weiß*, am 30. Juni 2003 bei der Erhebung der Ringkirche zum Nationaldenkmal sagte, sie sei die „kunsthistorisch wichtigste Kirche Wiesbadens", bleibt fast unsichtbar. Ihre Architektur, die der damalige Vorsitzende der Deutschen Stiftung Denkmalschutz, Gottfried Kiesow, dem Späthistorismus zuordnete, deren Aussenformen „der staufischen Spätromanik im Übergang zur Frühgotik" entliehen sei,[2] birgt in ihrem Inneren eine ihrer Zeit Impulse gebende Besonderheit: Mit ihr zieht die Moderne in den Kirchenbau ein, der von nun an beginnt, einen mittelalterlich geprägten Architekturzwang abzustreifen. Wie die für ihre Gestalt Verantwortlichen wird sie bei ihrer „Geburtsgeschichte" von zahlreichen Strömungen geprägt: Die aufkommende Gemeindetheologie, eine später als „ältere" liturgische Bewegung bezeichnete Reformrichtung des Kulturprotestantismus, die Funktionsorientierung „form follows function",-wie Luis Henry *Sullivan* es 1904 fordern wird, vielleicht die Freimaurerei, der Städtebau in der Architektur und die vordringende Technik im Baugewerbe.

Die Geburtsgeschichte eines monumentalen Bauwerks mag seltsam anmuten. Aber was die in zwei Quellenbänden wiedergegebenen Dokumente vom Bau der Ringkirche am Ende des 19. Jahrhunderts wiedergeben, ist eindrücklich: Uns steht vor Augen, wie vor Telefon und Email, vor social media und Videokonferenz miteinander kommuniziert wurde. Wo die Schriftwechsel vollständig sind, werden wir Zeugen von Entscheidungsprozessen,

---

[2] Gottfried Kiesow: Das verkannte Jahrhundert. Der Historismus am Beispiel Wiesbadens. Monumente Publikationen, Bonn, 2005, 202.

die eingebettet sind in die Ausdrucksweise ihrer Epoche, in die sozialen Verhältnisse und nicht zuletzt auch in das stetige Vordringen der Wissenschaft und Technik in ein ehemals rein handwerkliches Baugewerk.[3]

Die meistzitierte Arbeit zur Baugeschichte der Ringkirche hat deren Pfarrer Heinrich *Schlosser* Anfang der 20er Jahre des letzten Jahrhunderts als Festschrift zum 25jährigen Jubiläum verfasst.[4] Dabei hat *Schlosser* die Bauakten wohl nicht gekannt – oder nicht genutzt. Er hat Protokollbuch und Pfarrchronik und noch manche Zeitzeugen der Baustelle befragen können, auch wenn deren Quellenwert nicht unumstritten ist. - Der Autor hat die Arbeit *Schlossers* 2006 noch einmal herausgegeben und ist ihm dankbar für manches, was sonst – auch nach dem Studium der Bauakten – verloren wäre.

Hat sich die Mühe um die alten Papiere gelohnt? Anlass und Motiv der Akten ist zweifelsfrei vorbei und verweht. Allerdings: Als er einen Kirchenführer für die Ringkirche[5] verfasste, stand der Verfasser vielfach vor dem Dunkel unbeantworteter Fragen, die oft nur durch Vermutungen oder Gerüchte beantwortet wurden. „Es" hatte geheißen, es habe viel Streit beim Bau der Ringkirche gegeben. Worum ging es bei dem Streit? Ein konfessioneller Streit zwischen Lutherischen und Reformierten, wie jemand vermutete? Schließlich bekam die der Ringkirche folgende Kirche den Parteinamen „Lutherkirche". War die Ringkirche „reformiert", wie es in der Literatur vielfach heißt, weil ihr Bauplan, das Wiesbadener Programm angeblich meist in reformierten Traditionsräumen weiterentwickelt wurde, wie zum Beispiel in der Schweiz? Wie ist ihr Baukonzept, das „Wiesbadener Programm" und wie ist sein Verfasser, der Pfarrer Emil *Veesenmeyer*

---

[3] Vgl. Christian Freigang: Kirchenbau, (Art.) In RGG IV, Bd. 4, Sp. 1122-1225. So auch Peter Genz in Das Wiesbadener Programm, 2011, Seite 25.

[4] Heinrich Schlosser, Schlichtheit, Einfachheit und Monumentalität. Wie die Ringkirche gebaut wurde und ihre ersten Jahrzehnte. Ursprünglich: ders.: Ringkirche Wiesbaden, 1894-1919. Wiesbaden. 2006 mit dem neuen Titel neu herausgegeben von Ralf-Andreas Gmelin.

[5] Ralf-A. Gmelin: Der Dom der kleinen Leute. 3. Aufl. 2008.

einzuschätzen? Welchen Anteil hatte *Otzen* daran, der zum Teil als Co-Autor des Programms bezeichnet wird. *Otzen* wies den ersten Pfarrer Karl *Bickel* in Wiesbaden darauf hin, dass dieser Schritt in die Zukunft nichts wirklich Neues wäre: „Das 18te Jahrhundert hat 100te solcher Kirchen erbaut."[6] Und dennoch: Die lähmende Festlegung auf immer wieder reproduzierte mittelalterliche Grundrisse wurde in der Tat nach 1894 zunehmend überwunden. Für die Antworten auf solche Fragen werden wir auch Zeugen jenseits der Bauakten befragen.

Mit Emil *Veesenmeyer* ging es dem Autor, wie Jim Knopf mit Herrn Tur Tur, dem Scheinriesen: Als er noch weit weg von näherer Kenntnis war, erschien ihm *Veesenmeyer* groß und wichtig und sein Wiesbadener Programm epochal. Mit wachsender Nähe schrumpfte indessen der Kollege und sein Werk. Einerseits zum Ausdruck kommende persönliche Charaktereigenschaften und andererseits die Tatsache, dass fast alles, was *Veesenmeyer* schrieb, von anderen vorgedacht war und letztlich für ein *architektonisches* Bauprogramm von *Otzen* korrigiert werden musste, haben seinem Bild im Auge des Verfassers nicht gutgetan.

Warum wurde der erste Bauführer Jacob *Lieblein* nach nicht einmal einem Jahr abgelöst? Diese Frage wird ihre Antwort finden. Weitgehend unbeantwortet bleibt die Frage nach den einfachen Arbeitern, die an der Ringkirche gearbeitet haben. Sie haben in den alten Akten kaum Stimme noch Raum. Nur ihre Chefs. Und – auch wenn wir wissen, dass das 19. Jahrhundert in der sozialen Frage nicht zimperlich war – es erschüttert bis heute, dass bei Materialmangel die Bauarbeiter schlicht entlassen wurden. Schuld hatte der nachmals größte Baukonzern Deutschlands, Philipp *Holzmann*. Bei seiner Expansion gab er mehr Versprechen, als er einlösen konnte. Er entwickelte sich auf Kosten der einfachen Arbeiter, die wegen seiner Säumigkeit ihren Lohn verloren, prächtig. Wir werden Zeugen eines Zeitalters, in dem sich viel entwickelt, aber in dem es auch viele Opfer gibt, die für die Entwicklung

---

[6] Otzen an Bickel, 11.11.1890, Quellenband 1, Seite 68.

zahlen müssen. Nur: Die Stimmen, Meinungen und Stellungnahmen der Opfer werden wir auch in diesem Kontext weder hören noch lesen. Auch Frauen kommen in diesem Zeitalter in den Quellen zu einer Baustelle kaum vor – außer als Spenderinnen.

Das Ziel, das der Autor mit den drei Bänden über die ersten Jahre der Ringkirche und vor allem ihre Errichtung verfolgte, war in erster Linie Klarheit und Gewissheit zu gewinnen, was zu diesem theologisch-architektonischen Neubeginn geführt hat. Dazu sollten die Bauakten so getreulich wie möglich erfasst werden, um sie allen zugänglich zu machen, die sich für die Architektur, Sozialgeschichte und Kultur des späten 19. Jahrhunderts interessieren. Darum bilden die Quellenbände der Arbeit eigentlich den Schwerpunkt, weil sie anhand der wieder aufgefundenen Bauakten die Möglichkeit geben, den Akteuren beim Bau der historistischen Ringkirche gleichsam über die Schulter zu schauen und bis zum gewissen Grade auch zu erfahren, wie man miteinander umging, welche Höflichkeiten man austauschte, wie der ständische Geist auch Entscheidungsprozesse behinderte und wie sich Fragen der sozialen Gerechtigkeit auf einer solchen Baustelle ausgewirkt haben. Leider lassen sich manche der alten Schreiben nicht mehr lesen Schlimm ist manche Handschrift, aber schlimmer noch sind Verblassungen, Verbrennungen, Falzverluste und Ähnliches. Darum wurden in den Quellenbänden unvollständige und kaum verständliche Texte nachträglich wieder gestrichen: Die Wahrscheinlichkeit ist groß, dass die Lesbarkeit durch Textverderbtheiten in naher Zukunft noch stärker leiden wird. Der Verfasser ist darum Sabrina Höhne-Strohwald und Heinz Höhne sehr dankbar, dass sie es unternommen haben, den gesamten Textbestand des ersten Correspondenz Aktendeckels zu scannen. Auch wenn die Arbeit mit den verwitternden Originalen einmal unmöglich wird, bleibt wenigstens dessen digitales Bild des Zustandes im Jahre 2020.

Gesammelt wurden von der Gesamtgemeinde Wiesbaden – vermutlich zum allergrößten Teil von dem Ersten Pfarrer (und späteren Dekan) Karl *Bickel* die mit dem Bau der Ringkirche zusammenhängenden Dokumente. Ein anderer Ordner scheint nach Baufertigstellung aus Berlin durch Johannes *Otzen* der Gemeinde überantwortet worden zu sein. Ab 1888 finden sich hier die Briefe von Pfarrern, Architekten, Handwerkern – das meint hier die Chefs von Handwerksbetrieben,- und Spezialisten, die während der industriellen Revolution die Wissenschaft mit dem Bauhandwerk zu verbinden begannen. Die beiden Akten enthalten zum Teil die Kopien gleicher Dokumente, aber auch große Mengen Sondergut. Der zweite Quellenband mit Bauunterlagen aus der zweiten Jahreshälfte 1894 wurden von Friedrich Grün, dem zweiten Bauführer gesammelt. Die Bauakten zeugen vom Ehrgeiz von Menschen, in ihrer Zeit etwas Neues zu erschaffen. Sie zeugen von Kompetenz und Eitelkeit, von Achtung und Machtgerangel. Wir lernen mit Otzen einen Architekten ohne Staralüren kennen, der sich als Star seiner Generation fühlen darf. Aber ebenso erfahren wir von einem Architekten, der im fortgeschrittenen Alter noch ein Großprojekt stemmen möchte und sich damit vollkommen überfordert. Johannes *Otzen* meint zwar bei der Einweihung, dass während der Bauzeit der Ringkirche auf der Baustelle kein Arbeiter zu Schaden gekommen ist, allerdings ist am 20. August 1894 ein katholischer Steinhauer verunglückt, dessen Angehörige 25 Mark aus der kirchlichen Armenkasse bekommen.[7] Bei der Einweihung der Kirche wurde den Arbeitern mit einer Belohnung von drei bis fünf Mark gedankt. So wurden wenigstens einige ihrer Namen überliefert.

Nicht jedes der Dokumente ist spannend, aber die Zusammenschau eines mehrjährigen Großprojekts ergibt die Ahnung von persönlichen Profilen. Leider sind die Bauakten zum Bau der Ringkirche bei weitem nicht vollständig. So fehlen die wöchentlichen Berichte der Bauführer. Wir finden nur außerordentliche Schreiben von ihnen – die meisten stammen von dem ersten, Jacob *Lieblein*. Von dessen weitaus souveräneren Nachfolger Friedrich *Grün* finden sich weniger schriftliche Beiträge. Die Bauakten enthalten einige Zeitungsartikel, die hier mit publiziert werden, obwohl sie eigentlich

---

[7] Protokollbuch der Neukirchengemeinde, Sitzung vom 24ten September 1894.

keine Bauakten im strengen Sinne sind – allerdings: Sie haben seit 127 Jahren im Ordner der Bauakten mitgelegen und sich dadurch ein gewisses Recht ersessen, hier mitpubliziert zu werden. Der zweite Band enthält einen Apparat von zusätzlichem Material, der es ermöglicht, dass man auf eigene Faust in den Dokumenten forschen kann. Der Herausgeber ist sich bewusst, dass man diese Entscheidung kritisieren kann. Aber er gibt auch den Interessierten eine Chance, denen weder das „Eisenacher Regulativ" noch das „Wiesbadener Programm" etwas sagt.

Menschen schreiben in individuellen Handschriften. Die in Deutschland damals vielbenutzte Kurrentschrift wird von einigen sauber und ordentlich beherrscht; andere bereiten ihren Lesern große Probleme, den Inhalt des Textes eindeutig zu entziffern. Einige Schreiber wechseln das Schriftbild unterschiedlicher Schreibschriften und sind damit sehr schwer lesbar, wie z.B. Emil *Veesenmeyer*. Manche Texte bleiben darum vorläufig und vielleicht sogar falsch übertragen. Bleistifteintragungen früherer Lesebemühungen zeigen, dass solche Probleme nicht erst in der Generation des Herausgebers der Quellentexte aufgetaucht sind, sondern auch bereits frühere Interpreten zum Schwitzen brachten

Der Verfasser hat in der Grundschule noch Sütterlin gelernt und in früheren Projekten viel Erfahrung mit Schriftbildern des späten 19. Jahrhunderts gesammelt, aber dennoch ist er zuweilen an den Rand seiner Lesekunst gelangt. Die praktischen Bauberufen entstammenden Dokumente sind keine sprachlichen Kunstwerke und zum Teil schmucklos und fehlerhaft formuliert – oft in Eile. Dennoch bleiben sie stets im Rahmen einer großen formalen Höflichkeit. Viele der Unterlagen werden das nächste Jahrzehnt nicht mehr lesbar erreichen. Auch wenn sie nun wieder im Dunklen, in feuchtigkeitsregulierter Luft aufbewahrt werden, der Zahn der Zeit hat an manchem Schreiben so stark genagt, dass Kontraste, Durchschläge von der Rückseite oder verblassende Tinten ihren Inhalten den Rest geben. Manche sind wohl schon im „Kartoffelkeller" der Marktkirche[8] vergangen, manche vielleicht auch bei der danach erfolgten Reinigung.

Der vorliegende Textband versucht die erarbeiteten Quellen – trotz ihrer Mängel und trotz ihrer Unvollständigkeit – auszuwerten und dem Leser oder der Leserin einen Zugang zu diesen Quellen zu verschaffen. Er soll die Lektüre der Originaldokumente nicht ersetzen, sondern vorbereiten und zugleich darauf neugierig machen. Er ist sehr persönlich gehalten, weil jeder das Recht hat, sich sein eigenes Bild ganz anders zu zeichnen. Einer zu großen Einseitigkeit bei der Deutung der Bauakten wird entgegengewirkt, indem der Autor versucht, auch einschlägige Kenntnisse der Fachwelt zum Gesamtbild hinzuzufügen.

Zur Gliederung des ersten Quellenbandes, die sich in diesem Band spiegelt: Die Dokumente wurden fast alle streng chronologisch geordnet. Nur bei einigen Spezialthemen wurden einige wenige Dokumente einem inhaltlichen Gesichtspunkt untergeordnet, auch wenn dieser der Chronologie nicht entsprach. Die Kapitelüberschriften gelten darum nur cum grano salis: Natürlich versuchen sie, ein wichtiges Thema der betreffenden Bauepoche zu bezeichnen. Das bedeutet indes nicht, dass es da nicht auch ganz andere Themen gab, die sich in den Dokumenten unter der Kapitelüberschrift finden. Die Kapitelzahlen von Textband und erstem Quellenband entsprechen sich, auch wenn wir einmal zwei Kapitel zusammengeführt haben, um deren Ertrag zu konzentrieren. Der zweite Quellemband wurde nach den Monaten der zweiten Jahreshälfte 1894 gegliedert.

Bei der Beschäftigung mit dem Architekten Johannes *Otzen* war eine unschätzbare Hilfe die akribisch recherchierte Arbeit von Jörn *Bahns*, die fast keine Wünsche offenlässt. Was ein Mangel dieser Arbeit bleibt, ist die Ungewissheit über *Otzens* Mitgliedschaft in einer Freimaurerloge. Wir teilen unsere Erkenntnisse darüber mit.

---

[8] In Kriegs- und Notzeiten wurden im Keller der Wiesbadener Marktkirche Lebensmittel eingelagert, die gegen Bezugsmarken ausgehändigt wurden.

Bahns schrieb über *Otzens* Verhältnis zu barocken Bauten: „Woher *Otzen* seine Kenntnisse der möglichen barocken Vorbilder im einzelnen bezogen hat, ist nicht überliefert."[9] Eine mögliche Antwort gibt *Otzen* am 11. November 1890, als er darüber aufklärt, dass die Dresdner Frauenkirche sehr weit weg vom Ideal einer guten Predigtkirche entfernt sei. „Wir haben die letztere bei ähnlicher Bauart (?) in der Academie des Bauwesens geprüft und die schärfere Kritik ergiebt, daß kaum eine Kirche ähnlicher Gattung mit größerem Aufwand, unbequemeren und geringeren Resultaten im Sinne Ihrer Wünsche aufweißt, wie gerade die Frauenkirche..."[10]

Das Archiv der ehemaligen TH Berlin-Charlottenburg meldete auf Anfrage des Verfassers, dass aus dem Nachlass Johannes *Otzens* nichts den Zweiten Weltkrieg überdauert habe. Schade, denn damit sind die Bauberichte der beiden Bauführer an *Otzen* für immer verloren.

Der Autor dankt Claudia *Schülzky* von der technischen Universität Berlin für ihre rasche Auskunft, den Stadtteilhistorikern Wiesbaden für ihre große Unterstützung, dem Korrektor, Manfred Gerber und Gesprächspartnern, die bereit waren, sich mit der Baugeschichte der Ringkirche zu befassen. Er dankt den kontaktierten Archiven der masonischen Großlogen für ihre Auskünfte über die Zugehörigkeit Johannes *Otzens* zu ihrem Bund. Es war nichts über die Zugehörigkeit zur Freimaurerei bei diesem herausragenden Architekten des Historismus in Erfahrung zu bringen, - obwohl die Ringkirche eindeutig masonische Elemente trägt.

Wiesbaden, im Jahr 2021   Ralf-Andreas Gmelin

---

[9] Jörn Bahns: Johannes Otzen, 1839-1911. Beiträge zur Baukunst des 19. Jahrhunderts. München, 1971.39.
[10] Quellenband, Seite 68, Otzen an Bickel, 11.11.1890.

A. Die Geburt der Ringkirche

Der Grund für die Planung einer dritten evangelischen Kirche für Wiesbaden, lag in der steigenden Einwohnerzahl: Die Bevölkerung nahm rasch zu und damit auch kontinuierlich die Zahl der Evangelischen. Die religiösen Bedürfnisse der Zuwanderer waren oft größer als die der alten Wiesbadener, die nicht im Ruf standen, sich viele Hosenbeine vor den Altären durchzuwetzen – weder materiell auf katholisch noch symbolisch auf evangelisch. Die Zuwanderer im 19. Jahrhundert kamen meist aus ländlichen Gebieten, wo der sonntägliche Gottesdienstbesuch eingeübt war. Viele von ihnen kamen auch in die Kirche, weil andere städtische Zerstreuungen und Kulturangebote aufgrund hoher Eintrittspreise unerreichbar waren. Mit der Bergkirche war 1876 bis 1879 eine zweite Kirche neben der Marktkirche gebaut worden. Ihre Größe – etwa 600 Plätze - reichte aber nicht aus, die vielen Gottesdienstwilligen unterzubringen. Das stellte einer dritten Kirche die Aufgabe: Möglichst vielen alten und neuen Bürgern einen Gottesdienstort zu bieten, der sich nicht gleich wieder als zu klein erwiese.

Für den Charakter der neuen Kirche ist bedeutsam, dass die Pfarrer an der großen Marktkirche unter deren schlechter Raumakustik litten. Die Marktkirche wird zwar -auch damals schon - wegen ihrer Schönheit gelobt; für die Pfarrer bedeutete sie indessen eine Fehlkonstruktion, weil die noch unverstärkte menschliche Stimme[11] im hinteren Kirchenteil nicht mehr verstanden werden konnte. Die in den Seitenschiffen sitzenden Gottesdienstbe-

---

[11] Erst in den 1930er Jahren halten Verstärkeranlagen Einzug in die Kirchbauten. Es ist anzunehmen, dass in der Ringkirche die erste Verstärkeranlage erst um 1960 kam. Siemens und Halske weist 1930 darauf hin, dass neben

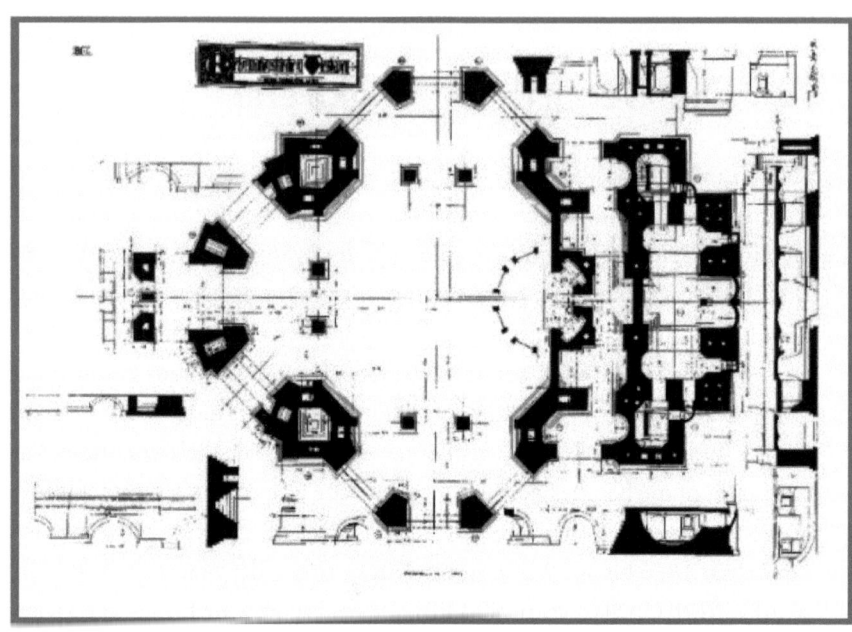

Plan von Johannes Otzen für die Fundamente der Ringkirche, Westen ist links im Bild.

dem Berliner Reichstag auch Kirchen in Berlin, Köln, Mainz, Magdeburg und Hannover bereits elektronische Verstärker nutzten.

sucher konnten weder akustisch noch optisch etwas vom Gottesdienst mitbekommen.

Darum hatten die von ihr „geplagten" Pfarrer das Anliegen, dass in einer neuen Kirche alle Plätze freie Sicht auf Altarraum und Kanzel haben und diese dabei mit einer menschlichen Stimme so gefüllt werden könne, dass diese von überall verstanden wird. Diese lokale Anforderung wurde verstärkt durch eine theologische Diskussion, in der von seiten der Liberalen, der damals so genannten „kirchlichen Linken" im Einklang mit den Vermittlungstheologen, der „kirchlichen Mitte" in dieser Zeit „Predigtkirchen" gefordert wurden, die sich durch eine gute Akustik und nicht durch ein mittelalterliches Stilschema auszeichnen sollten.

Die kirchliche Rechte verfolgte in Preußen ein politisches Motiv mit ihren Kirchenbauten. Nach der niedergeschlagenen Revolution von 1848/1849 wollte man durch monumentalen Kirchenbau revolutionär-sozialistischen Tendenzen in der Bevölkerung entgegenwirken. Unterwerfung unter die Kirche galt ihnen als Loyalität gegenüber dem preußischen König als oberstem Bischof der evangelischen Kirche. Gegen eine solche Haltung – die sich architektonisch meist an mittelalterlichen Grundrissen orientierte – wendet sich das „Wiebadener Programm", das sich damit als Konzept der kirchlichen Mitte und Linken erweist.[12]

---

[12] Auf diese Verhältnisse weist auch Christopher Clark in seinem erhellenden Buch Wilhelm II. Die Herrschaft des letzten deutschen Kaisers, DVA, Stuttgart, 2009 hin.

Ein Ausflug in die Vorzeit der Ringkirche:
1880, der Fall Sulze und der Fall Veesenmeyer

In der Hessischen Landesbibliothek Wiesbaden trägt der Jahresband 1883 der „Protestantischen Kirchenzeitung" das Danketikett, das ihn als Geschenk von „Decan Carl *Bickel*" ausweist.[13] Wir erfahren dadurch, dass Bickel ein emsiger Leser dieser linkskirchlichen Zeitung gewesen ist, worauf zahlreiche Bleistiftmarkierungen hinweisen. Die kirchliche Linke wirkt seit ihrem Zusammenschluss 1865 in einer kirchlichen Institution, die von der orthodoxen „Rechten" regiert wird. Dadurch steht sie unter einem steten Druck, dem die Protestantische Kirchenzeitung durch Veröffentlichung der Übergriffe gegen Liberale zu begegnen sucht. Sie sieht ihre Aufgabe nicht darin, den Orthodoxen eine andere Dogmatik entgegenzusetzen, sondern vielmehr die Freiheit der Lehre und Verkündigung gegen eine eng obrigkeitliche Lehranordnung von oben zu setzen. Hier sammeln sich die Vertreter der historischen Kritik oder die Unterstützer der unierten Zusammenschlüsse gegen die konfessionsengeren Orthodoxien. In der kirchlichen Linken gemeinsam mit der Vermittlungstheologie entsteht eine Gemeindetheologie, die sich als Demokratisierung der kirchlichen Verhältnisse begreift, und sich von den obrigkeitlichen Regierungen befreien möchte.[14] Immer wieder kommt es zu Denunziationen von liberalen Pfarrern, die durch die rechtskirchlichen Zeitungen wie in

---

[13] Die anderen Bände vom Beginn der achtziger Jahre stammen von dem ehemaligen Ringkirchenpfarrer Heinrich Schlosser. Bickel schrieb seinen Vornamen mit K.

[14] Vgl. Protestantische Kirchenzeitung, Jahrgang 1880, Sp. 664. (Beitrag „Aus dem ersten Lustrum unserer Kirchenzeitung" ohne Autorennennung).

Sachsen der „Sächsische Pilger" zu Skandalen aufgebauscht werden. Im Jahr 1880 kommt es zu einer fast gleichzeitigen Skandalisierung von zwei Pfarrern, die kaum etwas miteinander zu tun haben, aber im Hinblick auf die Ringkirche erhebliche Wirkung entfalten werden.

In Dresden wird Emil *Sulze* durch den Bericht einer Konfirmandin denunziert, er habe behauptet, Jesus sei bloß Mensch gewesen und seine Gottheit geleugnet. Nachdem das Konsistorium diesem Gerücht nachgeht, wird der Versuch, des oben genannten „Sächsischen Pilgers" rasch niedergeschlagen, zumal *Sulze* sich dogmatisch gekonnt zu wehren weiß – nicht ohne dem Konsistorium mit seiner Verteidigung noch geschickt eins auszuwischen. In Dresden-Neustadt, wo er als Pfarrer wirkt, wird in kurzer Zeit eine Resolution zur Solidarität mit ihrem Pfarrer von 500 Personen unterzeichnet, unter ihnen viele Honoratioren. Nachdem die Protestantische Kirchenzeitung einen Abschlussbericht gedruckt hat, gehören Emil *Sulze* in der Liga der kirchlich Liberalen erhebliche Sympathien.

Einen weitaus größeren Rahmen in der Berichterstattung räumt dieselbe Zeitung dem zweiten Skandal im Jahr 1880 ein: Der junge Stadtvikar Emil *Veesenemeyer* aus dem badisch unierten Mannheim, wird vom Kirchenvorstand einer hannoverschen lutherischen Gemeinde in Osnabrück zum Pfarrer gewählt. Allerdings muss diese Wahl bestätigt werden vom Stadtkonsistorium. In Anlehnung an ein altes Studentenlied heißt es in der Protestantischen Kirchenzeitung, Berliner Witzzeitungen brächten den Liedanfang: „Colloquium das ist der Titel des Brauchs, der sich bei uns bewährt."[15] Nachdem kaum das Colloquium mit Dr. *Hasenclever* abgehalten

---

[15] Das Lied heißt „Krambambuli, das ist der Titel, des Tranks, der sich bei uns bewährt" und hatte im Original als Loblied auf einen Danziger Schnaps 102 Strophen (1745). Es stammte von Crescentius Koromandel, alias Christoph Friedrich Wedekind (1709-1777). Im Allgemeinen Deutschen Kommersbuch, Moritz Schauenburg, Lahr, 1925.

und das mit Oberpfarrer *Werner* angeordnet ist, hat das hannoversche Landesconsistorium in Verbindung mit dem Synodal-Ausschuß am 28. October den zum Pastor an St. Catharinen in Osnabrück gewählten Stadtvikar *Veesenmeyer* aus Mannheim in einem Colloquium auf seine Rechtgläubigkeit … geprüft und die selbe für unzureichend befunden."[16] Dem Protest gegen die Entscheidung des Kirchenvorstands folgt im Fall *Veesenmeyer* das Lehrgespräch des Landeskonsistoriums der Lutherischen Landeskirche von Hannover. Das Ganze wäre weniger skandalumwittert, wenn es nicht eine Verfügung des Kaisers gegeben hätte, dass die Zugehörigkeit zur badischen Union – also einer ähnlichen Bekenntniskirche wie die Kirchen der preußischen Union[17] – kein Hinderungsgrund für eine Bestätigung als Geistlicher in der Hannoverschen Landeskirche sei.[18]

Ein fast satirischer Kommentar[19] kennzeichnet treffend, was diese Rechtsbeugung in der großen hannoverschen Landeskirche einerseits für die Angehörigen unierter Kirchen, andererseits aber auch und gerade für die unter diesen zahlreichen Liberalen bedeutet:

„In der Tat, wir scheinen nicht mehr allzuweit von dem Punkte zu sein, wo der liberale Protestantismus für vogelfrei erklärt und ein feierliches

---

[16] Protestantische Kirchenzeitung, Jahrgang 1880, Sp.1051.

[17] Mit dem Unterschied, dass die badische Landeskirche eine Bekenntnisunion von Lutherischen und Reformierten bildet, d.h. eine neue Bekenntnisgrundlage für alle Gemeinden geschaffen hat, auf der bisher umstrittene theologische Fragen durch neue Bekenntnisschriften oder Katechismen entschieden oder einfach ausgeklammert werden. Die Evangelische Landeskirche in Baden hat durch ihre Unionsurkunde von 1821 die Differenzen im Sakramentsverständnis der badischen Reformierten und Lutheraner beigelegt. Vgl. https://www.ekiba.de/glaube-spiritualitaet/schriften-bekenntnisse/unionsurkunde/

[18] Protestantische Kirchenzeitung, Jahrgang 1880, Sp.1108.

[19] „Warte nur, balde Ruhest du auch." Protestantische Kirchenzeitung für Deutschland, Verlag Reimer Berlin, 1880, Sp. 1107f.

20

Anathema über seine Jünger ausgesprochen werden wird. … Uns schützen nicht Fürsten und Gewaltige, uns begünstigen nicht Rechtsbrüche und Verwaltungsmaßregeln, uns winken nicht Pfründen und hohe Ämter, uns läuft nicht der blinde, gedankenlose Troß ‚christlich-sozialer‘ Judenhetzer[20] nach." Dabei wird von dem namentlich nicht genannten Autoren[21] auch beschrieben, worin er das Ziel der liberalen Protestanten sieht: „Aber kommen wird die Zeit, wo die Gemeinden merken werden, daß eine Rechtgläubigkeit, der es mehr um ihre Erfolge als um die sittliche Wolfahrt des Volkes zu tun ist, ihnen jahrelang Steine geboten hat anstatt lebendigen Brotes. Kommen wird die Zeit, wo die Grundsätze der wissenschaftlichen Bibelauslegung zur unangefochtenen Geltung gelangen. Kommen wird die Zeit, wo der religiös-ethische Gehalt der Glaubenssätze mit mehr Eifer gesucht und mit größerer Treue festgehalten wird als ihr bekenntnismäßiger Wortlaut." Eine knappe Zusammenfassung der Hoffnungen des Kulturprotestantismus.

Zurück zum Fall *Veesenmeyer*. Die Protestantische Kirchenzeitung gibt das Kolloquium vom 28. Oktober 1880 ausführlich wieder, in dem dieser von Johann Gerhard *Uhlhorn*[22], der als Oberkonsistorialrat das Amt des Abtes des Klosters Loccum bekleidete und eine Glaubensprüfung vornimmt, die einem Zwischending zwischen einer Examensprüfung und einer Untersuchung der Inquisition gleicht. Während *Uhlhorn* die Grundlagen der beiden Kirchen Hannover und Baden auf der rechtlichen Ebene vergleicht, ist Konsistorialrat Friedrich *Düsterdieck*[23] für die direkte dogmatische Kontrolle zuständig.[24] *Veesenmeyer* wird das Bekenntnis der badi-

---

[20] Hier ist der Hofprediger Adolf Stöcker (1835-1909) gemeint, dessen theologisch rechte „Christlich-soziale Partei" einen Ständestaat anstrebte.
[21] Vermutlich der Herausgeber, Julius Ernst Websky, (1850-1922).
[22] Johann Gerhard Uhlhorn (1826-1901).
[23] Friedrich Düsterdieck, (1822-1906).
[24] Protestantische Kirchenzeitung, 1880, Spsp. 1071 ff.

schen Union zum Vorwurf gemacht, in dem die Symbole der lutherischen und der reformierten Wurzel nebeneinander Geltung haben, während in Osnabrück ein streng lutherisches Bekenntnis erforderlich sei. *Veesenmeyer* verweist zwar auf die gemeinsame heilige Schrift, aber das Geplänkel wirkt eher wie ein Schauprozess, dessen Urteil bereits vorher feststeht. Die Redaktion der Protestantischen Kirchenzeitung kommentiert den Text, dass hier das neueste Glaubensgericht wiedergegeben werde, in Herrn Veesenmeyer „nicht blos die ‚moderne‘, sondern auch die Vermittlungstheologie und ausgesprochenermaßen die badische evangelische Unionskirche verdammt" wird. „Wir hoffen zuversichtlich, daß die berufenen Vertreter dieser Landeskirche gegen solche unerhörte Anmaßung energisch sich verwahren werden. Alle deutschen Kirchenregierungen aber können wir nur dringend ersuchen, dem Unwesen dieser Glaubensverhöre endlich zu steuern, die ebensowol die theologische Wissenschaft als das protestantische Pfarramt lächerlich und verächtlich zu machen geeignet sind."[25] Dem inkriminierten Vikar *Veesenmeyer* wird noch eine persönliche Erklärung eingeräumt, die fast sieben Spalten der Zeitung in Beschlag nimmt. Hier verweist er auf verschiedene dogmatische Entwürfe

---

[25] Protestantische Kirchenzeitung, 1880, Sp.

seiner Zeit. *Hase*[26], *Schenkel*[27], *Lipsius*[28], *Biedermann*[29] und *Pfleiderer*[30]" und auf seine persönliche Übereinstimmung mit der Vermittlungstheologie.

In ungewollter Offenheit erfahren wir von *Veesenmeyer* etwas von seiner Arbeitsmethodik, sogar beim Verfassen einer Predigt: „Stimmt das nicht mit den Gedanken, ja fast dem Worte nach mit meinen Aeußerungen? Nur daß hier selbstverständlich der Gedanke in weit größerer Klarheit und Präcision, Begründung und Zusammenhang hervortritt, denn bei mir."[31]

Was hier als polemische Floskel mit falscher Bescheidenheit benutzt wird, um das Konsistorium zu überführen, die Argumentation des auch in Göttingen – also im Machtbereich der hannoverschen Landeskirche – lehrenden Hermann Schultz (1836-1903) angegriffen zu haben, zeigt andererseits, dass sich *Veesenmeyer* bei seinen Ausarbeitungen bis in die Worte hinein literarischer Vorlagen bedient hat. *Veesenmeyer* wird *Schultz* in Straßburg als Lehrer der Dogmatik kennen gelernt haben.

---

[26] Karl Hase, ab 1883 von Hase (1800-1890), Theologieprofessor in Jena, Romantiker und Burschenschafter, Vermittlungstheologe. Mitgründer der Protestantischen Kirchenzeitung.

[27] Daniel Schenkel (1813-1885), Schweizer, wurde Professor der Theologie in Heidelberg, führte das Gemeindeprinzip im schweizerischen Schaffhausen ein. Autor über den Protestantenverein (1868).

[28] Richard Adelbert Lipsius (1830-1892) war Burschenschafter und Theologieprofessor in Wien und Kiel. Gründete 1886 den „Evangelischen Bund" (Vermittlungstheologie).

[29] Alois Emanuel Biedermann (1819 -1885) reformierter Theologe aus Zürich. Schweizerische Vermittlungstheologie nach Hegel und Schleiermacher.

[30] Otto Pfleiderer (1839-1908) suchte nach einer historischen Begründung des Christentums den Ansichten Harnacks entgegen.

[31] Protestantische Kirchenzeitung, 1880, Sp. 1171.

Er zeigt sich ähnlich empfindlich wie später in Wiesbaden, wenn er schon zu Anfang klagt: „Wie in dem Colloquium selbst, protestire ich hiermit öffentlich gegen das mir angetane Unrecht; so leid es mir persönlich tut, kann ich diese Kritik nicht anders denn eine oberflächliche benennen."[32] Jetzt geht es noch seitenlang weiter, auf denen sich *Veesenmeyer* missverstanden fühlt. Wo er seine kritisierte Antrittspredigt zitiert, kommt allerdings dem heutigen Leser der Gedanke auf, ob sich bei dem verschwurbelten Gerede mit dem zeiteigenen Pathos das Missverstehen nicht von selbst versteht. Ich versuche mir den Höreindruck der nach eigener Auffassung *Veesenmeyers* „schlagenden Stelle" seiner Predigt vorzustellen:

„Wie über das Unvermögen der sittlichen Kraft des Menschen, die angeborene Schwäche seiner Natur, über das hemmende und niederdrückende Sündenbewußtsein uns nur hinausführt des Erlösers gotteiniges gottdurchdrungenes Leben, das in jedem seiner Gläubigen eine Lebensmacht wird, die dessen ganzes Dasein im kleinsten wie im größten, im äußerlichsten wie im innerlichsten als ein erleuchtendes, reinigendes, erwärmendes Feuer durchglüht, durchdringt und heiligt "[i]

Dem heutigen Leser scheint hier weniger ein dogmatisches Problem vorzuliegen als ein massiv rhetorisches. Obwohl wir in dieser Sache *Veesenmeyers* eher auf dessen Seite stehen, sind wir uns nicht sicher, ob der altehrwürdigen Katharinengemeinde in Osnabrück nicht Schlimmeres erspart geblieben ist.

Was den jungen *Veesenmeyer* bereits ebenso charakterisiert wie den älteren, ist sein ausgeprägter Konfessionalismus, sein Hass auf den Katholizismus. Schon im Kolloquium wirft er seinen Prüfern vor, sie argumentierten katholisch und auch in seiner nicht enden wollenden Erklärung beklagt er, dass die Kirchenbehörde ihn anhand von Texten examinierte, die

---

[32] Protestantische Kirchenzeitung, 1880, Sp. 1172.

aus einer Zeit stammten, als ein „katholisierender Zug durch die protestantische Kirche ging."[33] Kurz danach, mit typischem Rechtschreibfehler –
vermutlich konnte der Setzer die Handschrift *Veesenmeyers* nicht entziffern:

„Ich verwahre mich wieder *(muss natürlich ‚wider' heißen, sonst wird's Un-
sinn)* den auch in meinem Colloquium vorgekommenen katholischen
Grundsatz, daß das Bekenntnis als die alleinrichtige Auslegung der Schrift
erscheint, ich protestire gegen das Zurückstellen der Schrift hinter das
Symbol als gegen ein durchaus unevangelisches Verfahren."

Zum Schluss hebt *Veesenmeyer* noch bedrohlich den Finger, denn er sieht
die Zeit kommen, die er noch erleben möchte, in der sich der nach protestantischer Freiheit verlangende Geist aufstaut und dann als Sturmflut
über Nacht vernichtet, was das hohe Landeskonsistorium durch Jahre hin-
durch aufgebaut habe. *Veesenmeyer* wird den ersten Weltkrieg zuhause
überleben und wird sich seiner Zeilen von damals nicht mehr erinnert
haben, da er dann auf der anderen Seite der Kirchenobrigkeit stehen wird.
Am Ende verlassen wir das sichere Wissen und vermuten, dass der ursprünglich im Lager der Vermittlungstheologen stehende *Veesenmeyer*
durch diese Skandalgeschichte in das linke Lager des Protestantenvereins
gewechselt ist. Wobei wir nicht wissen, ob er mit diesem nicht schon früher angebändelt hatte. Die Protestantischen Kirchenzeitung hat ihn jedenfalls mit der Reformtheologie von Emil *Sulze* versorgt, aus der er sein
„Wiesbadener Programm" ziehen wird[34], „ja fast dem Worte nach".

Der Verfasser hat die zahlreichen Seiten über den „Fall *Veesenmeyer*" mit
ambivalenten Gefühlen gelesen. Eine zweifelsfreie Symbolfigur für die Un-
gerechtigkeit der rechten Kirchenobrigkeit wie Carl *Jatho* elf Jahre später
ist *Veesenmeyer* nicht geworden. Ohne Folgen blieb die Berichterstattung
indessen nicht. Da wir wissen, dass Karl *Bickel* die „Protestantische Kir-

---

[33] Protestantische Kirchenzeitung, 1880, Sp. 1174.
[34] Siehe unten „Emil Sulze und Emil Veesenmeyer".

chenzeitung" bezog und las, könnte er das „missing link" sein, durch das *Veesenmeyer* aufgefordert wurde, sich nach Wiesbaden zu bewerben. Vielleicht war es *Bickel* wichtiger, eine offene Stelle mit einem profilierten „Linken" zu besetzen, als die Beiträge *Veesenmeyers* aufmerksam durchzumustern, wo er bereits einige Hinweise auf dessen Stärken und - vor allem - Schwächen gefunden hätte. Bei den Stärken gehörte Bescheidenheit nicht dazu.

Jedenfalls spekulieren wir munter, dass *Bickel* mit dem Stadtvikar von Mannheim Kontakt aufgenommen hat. *Veesenmeyer* war zunächst in eine kleine lutherische Landgemeinde, Holzen im Schwarzwälder Kandertal verschwunden. In Wiesbaden wird er im Jahr 1886 – nach Rückfragen des nassauischen Königlichen Consistoriums an die badische Landeskirche, ob etwas gegen den Vikar vorläge – als Pfarrer eingestellt. Die Ringkirche hat man dem rebellischen Großhans – trotz Wiesbadener Programm - dann aber nicht anvertrauen wollen, da war Karl *Ernst* als „rechter" Generalsuperintendent des Konsistorialbezirks Wiesbaden davor. Er wählte dazu 1892 einen Pfarrer aus dem seiner theologischen Richtung genehmeren Nordnassau, zum Ersten Pfarrer der neuen Kirche, Lothar *Friedrich*.

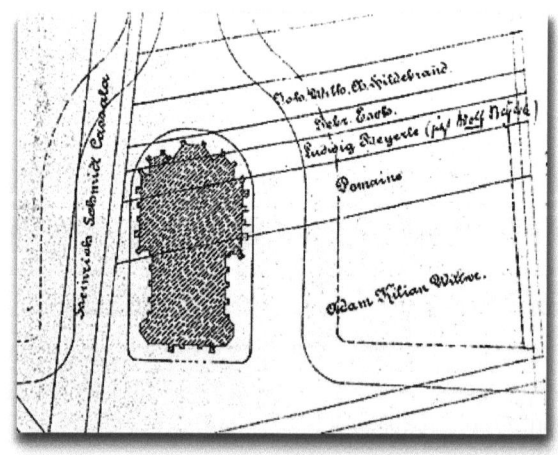

Johannes Otzen hat den maßstäblichen Grundriß der Berliner Lutherkirche auf das Gelände gezeichnet, wo ab 1891 gebaut werden soll.

I. Bauvorbereitungen, Bauplatz

Mitte der 1880er Jahre wird eine Kommission eingesetzt, die sich um ein Grundstück für die neue Wiesbadener Kirche kümmern soll. Auch wenn zwei weitere Standorte an der Adelheidstraße und an der oberen Albrechtstraße genannt wurden, kommen später nur die Kingelwiesen an der Bleichstraße und der Bauplatz an der Oberen Rheinstraße in die engere Wahl.

Am 5. November 1888 wird nach den Bauakten das Grundstück festgelegt, auf dem die Ringkirche einst stehen wird. Es handelte sich im Wesentlichen um zwei landwirtschaftlich genutzte Flächen, die zwischen der heutigen Straße An der Ringkirche im Süden der Ringkirche bis zur – damals schon– Dotzheimer Straße im Norden, die noch weitgehend unbebaut ist, gelegen sind. In dieser Phase wird der erste Pfarrer der Wiesbadener Evangelischen Gemeinde, Karl *Bickel,* gebeten, diese und die angrenzenden Grundstücke zu erwerben. Er wird in der gesamten Frühphase der Geschäftsführer des Bauprojektes sein. Im Namen der Gemeindevertretung werden die landwirtschaftlichen Flächen von *Kilian*s Erben, von den Gebrüdern *Esch*, von Adolf *Beyerle,* und ein Domainen-Grundstück gekauft.

Der organisatorische Vater der Ringkirche war dieser Wiesbadener erste Pfarrer Karl *Bickel.*[35] *Bickel* war am 10. August 1838 in Runkel geboren worden und wird am 3. März 1926 in Wiesbaden sterben. Er hatte in Jena und Halle evangelische Theologie studiert und seine praktische Ausbildung im nassauischen Predigerseminar von Herborn absolviert. Nach einer Zeit als Kaplan in Rüdesheim und Biebrich, wo er 1870 Pfarrer wurde, amtierte er seit 1872 in Wiesbaden. Hier war er bereits 1876-79 mit dem Bau der Berg-

---

[35] Bickel ist Erster Pfarrer an der Marktkirche, ab 1898 wird er als Dekan wirken.

27

kirche befasst gewesen, die nach Entwürfen des Berliner Architekten Johannes *Otzen* errichtet worden war.

Alle Eigentümer der Grundstücke sind verkaufsbereit, man einigt sich auf den Preis; am Ende werden 207.736 Mark und 20 Pfennige für den Bauplatz aufgewendet, mit der Chance, ihn nach Errichtung der Kirche zu parzellieren und teurer weiter zu verkaufen. Nach den notwendigen Straßenbaukosten und abzüglich der anschließend weiterverkauften Flächen errechnet man in dieser frühen Phase einen Endpreis von 118.471,45 Mark.

Damit steht fest, wo die neue Kirche gebaut werden soll. Die Dimension des neuen Baus, wird aus der demographischen Situation der Stadt Wiesbaden abgeleitet. In der Biographie der Ringkirche und ihrer Gemeinde von Manfred *Gerber* heißt es: „Viele Zuwanderer zog es nach Wiesbaden, die hier Arbeit und Brot fanden, Dienstboten und Servicepersonal für die Hotels. Vor allem aus ländlichen Gebieten. In den Kirchengemeinden fanden die Neubürger Ersatz für ihre verloren gegangene Dorfgemeinschaft."[36]

Im Jahre 1888 zählte Wiesbaden 33.500 evangelische Bürger, bis 1895 war die Zahl auf 48.000 Evangelische gestiegen. Die neue Kirche sollte so vielen wie möglich von ihnen Raum geben. – Allerdings im Rahmen dessen, was die Stimme eines Predigers verständlich mit Sprache zu füllen in der Lage war. Diese Eigenschaft bezeichnet der Begriff „Predigtkirche", der in der praktisch theologischen und kirchenarchitektonischen Diskussion solchen Bauten entgegengesetzt wird, die nur monumentalen Charakter haben. Solche Kirchen werden insbesondere von der Mittelpartei und der Linken gefordert. Die natürliche Obergrenze für den Abstand zwischen Redner und Hörer, so dass alle verstehen, was eine menschliche Stimme vorträgt, sah

---

[36] Manfred Gerber, Axel Sawert, In Krieg und Frieden, Societäts Verlag, Frankfurt, 2019, 11.

Karl Bickel, der erste Pfarrer der Wiesbadener Hauptkirchengemeinde und ab 1892 der Gesamtgemeinde war der erste Vater der Ringkirche – auch wenn er in den Berichten über die Ringkirche kaum erwähnt wird.

Otzen – vor der Erfindung des elektronischen Verstärkers – bei etwa 30 Metern.[37] Das zur Bauzeit der Ringkirche für den evangelischen Kirchenbau von vielen kirchlichen Bauherrn beachtete „Eisenacher Regulativ" der lutherischen Eisenacher Kirchenkonferenz stammte aus dem Jahr 1861 und war allein an einem „würdigen" Auftritt kirchlicher Architektur im Sinne der gotischen oder romanischen Stiltradition orientiert. Johannes *Otzen*, der die Ringkirche bauen wird, hatte bereits bei der Eröffnung seiner ersten Kirche in Altona am 3. April 1873 gesagt, dass er erstrebt habe, eine „Predigtkirche" zu bauen. Damit offenbart er sich schon zu diesem frühen Zeitpunkt als Grenzgänger der Eisenacher Vereinbarung, die zu einem monumental mittelalterlich anmutenden, aber dysfunktionalen Bau führt. Das Eisenacher Regulativ und seine Autoren nahmen sich sicherlich wichtiger, als es für den evangelischen Kirchenbau wirklich war, aber es blieb auch nicht ohne Wirkung![38]

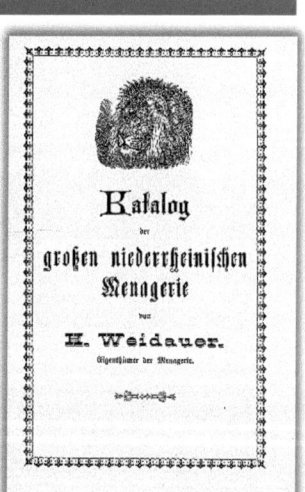

Was Tierschau, Löwe und Menagerie mit der Ringkirche zu tun haben, folgt nun.

---

[37] Quellenband, Seite 67, Otzen an Bickel, 11.11.1890. - Das heißt nicht, dass man in Berlin nicht auch eine Kirche für 3000 Besucher errichtet hätte…
[38] So auch Peter Genz: Das Wiesbadener Programm, Ludwig, Kiel, 2011, 33.

Der luxuriöse Prachtbau ist nach den elegantesten Theatern der Welt eingerichtet und enthält über 1000 bequeme Sitzplätze.

Grösstes Unternehmen dieser Branche.

Der Crystall-Palast ist nicht zu vergleichen mit anderen ambulanten Theatern oder Firmen Wallenda. Ich besitze nur Wunder-Dressuren und Künstler allereresten Ranges, Attractionen und Neuheiten.

Director ANTONIO WALLENDA ist Schöpfer der neuesten Thier-Dressuren und hat in allen Weltstädten die grösste Sensation erregt.

70 Personen. 100 dressirte Thiere, als: Hunde, Katzen, Kakadus, Tauben, Ziegen, Gänse etc. Abbildungen der Dressuren in der Leipziger, Pariser, Wiener und Londoner Illustrirten Zeitung.

Circus Wallenda, den 189

Briefbogen des Circus Wallenda mit Eintragung von Karl Bickel.

Die Zeit hält den Atem an, der Erste Pfarrer wird zum Impresario

Der Erste Pfarrer der Evangelischen Gemeinde Wiesbaden, Karl *Bickel,* hatte im Auftrag des Kirchenvorstands und der Größeren Gemeindevertretung ein großes Grundstück an der Dotzheimer Straße angekauft. Und dann wurde der Bau der Ringkirche vorbereitet, wie wir in diesem Buch lesen. Während indessen noch nicht gebaut wird, steht auf dem Baugrundstück die Zeit still. Dass es dort nicht still geblieben ist, zeigt ein weiterer Ausflug in eine Aktensammlung der besonderen Art. Das Bild von Karl *Bickel* (Seite 29) zeigt einen ernsten, strengen Menschen, der gut zu dem Eindruck passt, den der geistliche Stand im 19. Jahrhundert zu vermitteln sucht. Das neue Grundstück macht ihn zum Verwaltungschef ungewöhnlicher Geschäfte.

Mit den Unterschriften von 15 Kirchenvorstehern ist als erstes Dokument der Antrag des Menageriebesitzers H. *Weidauer* angenommen, seine Tierschau auf dem großen Platz, wo die Ringkirche erbaut werden soll, zu zeigen. Der beigelegte „Katalog der großen niederrheinischen Menagerie" zeigt Eisbären, Wölfe, Hyänen oder berberische Löwen. Aber es sind auch Affen und eine Boa Constrictor zu besichtigen.

Unterhaltung auf dem Kirchenareal: Manegen und Bühnen, Flohzirkus und Sensationen, Affentheater und Hagenbecks Tier- und Völkerschauen, alles, was den Menschen Spaß macht – und normalerweise nicht von der Kirche propagiert wird, das findet neben der Baustelle der Ringkirche statt. Der Grund gehört der Kirche, also korrespondiert der Erste Pfarrer der Wiesbadener Gesamtgemeinde mit vielen, die im Showgeschäft ab 1889 Rang und Namen haben!

Bernhardts Affentheater, ein Telegramm und Originalschreiben des Hamburger Circus–und Tierprofis Carl *Hagenbeck*, das „Theater *Wallenda* für

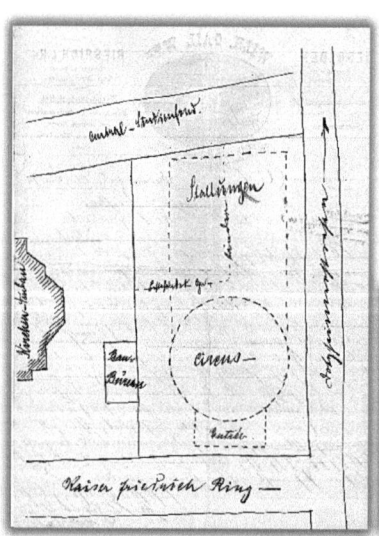

Zauberei, Magie, Physik, Optik und Künstler-Specialitäten" oder B. *Schenk's* Eden-Theater finden sich hier, wie Rudolf *Ritter* sowohl als Berg-Thalbahnbesitzer, als auch als Dampfkarusselbesitzer und der Koninklijk

Lageplan aus dem Jahr 1894. Rechts ist das Circuszelt des Circus Corty-Althoff samt Stallungen zu sehen, links der Neubau der noch unfertigen Ringkirche. Dazwischen die Bauhütte.

Nederlandsch Circus, das Welt-Hippodrom F. *Eder* & *Fischer* oder das Original-Theater Geschwister *Melich*. Zu den letzten Anfragen gehörte 1894 die Anfrage des damals größten deutschen Zirkus *Corty-Althoff*, der über die Schreinerfirma Wilhelm *Gail* Witwe, Biebrich, anfragt, die nebenan am Bau der Ringkirche mitwirkt. Bei der schriftlichen Abstimmung überwiegen die Zustimmungen, aber in der Spalte der Ablehnungen finden sich beide Pfarrer der „Neukirchengemeinde", *Friedrich* und *Lieber*.

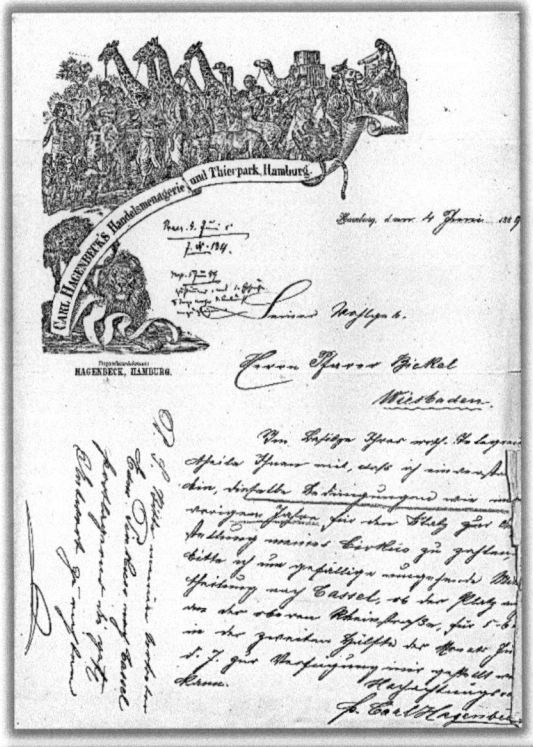

Schreiben von Carl Hagenbeck, der mit seinem Tierhandel weltweit berühmt war, dessen „Völkerschauen" indessen ebenso großen Erfolg hatten, wie sie als moralisch fragwürdig gelten.

II. Theologische Wurzeln,
Moderne und Freimaurerei

Als architektonisches Prinzip, das der neuen Kirche zugrunde gelegt werden soll, wurde ein Konzept des ehrgeizigen, im württembergischen Stuttgart gebürtigen Pfarrers Emil *Veesenmeyer* ausersehen, der sich später (1895) auch in einer kleinen Kirchengebietszeitung mit der Kirchbautradition des Protestantismus zu profilieren sucht.[39]

Bereits im Jahr 1890 veröffentlicht er einen kleinen Artikel in diesem „Evangelischen Gemeindeblatt Dillenburg", die „Grundsätze und Vorschläge für

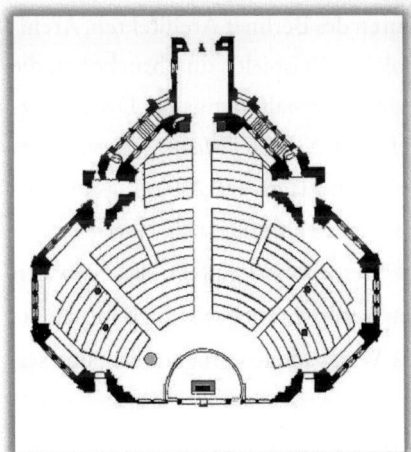

Die zentrale Stellung von Altar, Kanzel (unten, nicht im Plan), Chorraum und Orgel, (unterhalb des Plans) ist auch noch in der veränderten Form des heutigen Zustands zu erkennen (die ersten Bankreihen wurden entfernt, im Südosten der Taufstein in den Kirchenraum gerückt. Der Raum ist seiner Funktion als Predigtstätte perfekt angepasst.

---

[39] Emil Veesenmeyer: Kirchenbau des Protestantismus und das so genannnte Wiesbadener Programm. (Art.) Ev. Gemeindeblatt Dillenburg, in neun Teilen. Ab 15/1895.

den Bau evangelisch-protestantischer Kirchen."[40] Der Beitrag entspricht weitestgehend der Denkschrift, die er vom Kirchenvorstand für den Bau der dritten evangelischen Kirche hat beschließen lassen, mit einigen Änderungen, die auf der Diskussion mit Johannes *Otzen* beruhten. Dieses Bauprogramm erlaubte, dass sich der damals noch vorherrschende historistische Stilgeschmack – der sich an den mittelalterlichen Formensprachen von Romanik und Gotik orientierte – mit barocken Grundrissen kombinieren ließ, die oft neue, funktionalistische Ideen eingebracht hatten. 1895, ein Jahr nach Baufertigstellung der Ringkirche, benennt *Veesenmeyer* die Schlosskapelle von Schmalkalden, wo Altar, Kanzel und Orgel in der Achse stünden als die „protestantische Mutterkirche", deren „getreue Tochter unsere Ringkirche" ist. Dabei ist unwahrscheinlich, dass er diese Herkunftskirche 1889 bereits gekannt hat: In diesem Aufsatz paraphrasiert er das 1893 erschienene Grundwerk von K.E.O. *Fritsch* über den protestantischen Kirchenbau „bis in die Worte hinein".[41] Es ist davon auszugehen, dass *Veesenmeyer* das große Sammelwerk protestantischer Kirchbauten des Berliner Architekten, Architekturkenners und Journalisten nach solchen Beispielen durchsucht hat, die nun nachträglich als Vorbild der Ringkirche herhalten müssen. Dabei übernimmt er vielfach die Formulierungen von K.E.O. *Fritsch*. *Veesenmeyers* essayistisches Verdienst ist das eines fleißigen Plagiators. Allerdings im Unterschied zu seiner Vorlage: Am Ende seiner neun Folgen lässt *Veesenmeyer* alles im Wiesbadener Programm Emil *Veesenmeyers* gipfeln, das er in den höchsten Tönen preist, ohne den Namen Johannes *Otzens* auch nur zu erwähnen. *Fritsch* benennt durchaus das Wiesbadener Programm, samt sei-

---

[40] Emil Veesenmeyer, Grundsätze und Vorschläge für den Bau evangelisch-protestantischer Kirchen. (Art.) In: Evangelische Gemeindeblatt Dillenburg, 10 / 1890, Seite 364.

[41] Karl Emil Otto Fritsch: Der Kirchenbau des Protestantismus von der Reformation bis zur Gegenwart, herausgegeben von der Vereinigung Berliner Architekten. Kommissions-Verlag von Ernst Troeche, Berlin, 1893.

nem Urheber *Veesenmeyer*. Hier wird es sachlich eingeordnet und positiv gewürdigt. *Veesenmeyer* gesteht hier, dass die Wurzeln des „Wiesbadener Programms" ebenso Plagiat sind: „Bedeutung erhielten sie erst, als es mir 1891 gelang, die kirchliche Gemeindevertretung unserer Stadt zur Annahme dieses Programms für den Neubau der dritten evangelischen Kirche zu bewegen. Ich selbst bin zu ihnen gekommen teils durch meine Vergangenheit, die ihr Wirken und Predigen in früher reformierten Gemeinden mit sich brachte, teils durch die Vorarbeiten des auch uns wohl bekannten D. *Sulze*[42] in Dresden, der schon 1881 in seiner Schrift „Der evangelische Kirchenbau" mit solchen Vorschlägen hervortrat. Das alles waren aber doch nur akademische Reden und Äußerungen, solange es nicht gelang, aus denselben eine Tat zu gestalten."[43] Der persönliche Anteil neben den Übernahmen aus den Beiträgen *Sulzes* sind nicht allzu umfangreich. Dennoch kann sich *Veesenmeyer* auf die Schulter klopfen, wenn er weiterschreibt: „Und diese Tat ist nun unsere sogenannte Ringkirche, deren Bauplan-Programm von der deutschen Architektenwelt sofort als ein bewusster Bruch mit der Romantik und als ein erster Schritt zur Neugestaltung des protestantischen Kirchenbaus begrüßt wurde."[44] Die Durchmusterung der Bauakten zeigt im Gegensatz zu dieser Selbstbespiegelung, dass *Veesenmeyer* durch Karl *Bickel* Einfluss gewonnen hat, dass der weitgehend von architektonischem Wissen ahnungslose junge Geistliche von Johannes *Otzen* über die Geheimnisse des Evangelischen Kirchenbaus aufgeklärt werden musste und dass der Kirchbau nach

---

[42] Emil Sulze, 1832-1914, ev. Theologe, Wegbereiter des Ev. Gemeindetages, Förderer von Seelsorgebezirken und von Gemeindehäusern, 1876-95 Pfarrer in Dresden s.u..

[43] Veesenmeyer, Protestantantischer Kirchenbau Teil 8. Er war Pfarrer in Schwetzingen, Mannheim und Holzen (Kandertal), Holzen war nach Auskunft des ehemaligen Pfarrers Hüttner seit 1556 lutherisch. Veesenmeyer muss hier seine Schwetzinger Zeit meinen, wo er von 1878 bis 1880 als Vikar gewirkt hat.

[44] Veesenmeyer, Protestantischer Kirchenbau, 1895, Teil 8.

dem Wiesbadener Programm gelungen ist, trotz des Dilettantismus eines Emil *Veesenmeyer.* Jetzt verteidigt er stolz die Empore als typisch für die evangelischen Kirchbauten. Damals musste ihn *Otzen* überreden, Emporen zuzulassen, die *Sulze* vermieden hatte, da sie seinem Gemeindekonzept widersprachen. - Was hier verbittert, ist die Verächtlichmachung der anderen Väter dieses Erfolges: *Otzen* und *Bickel* werden ganz verschwiegen, *Sulze* herabgewürdigt.

Veesenmeyer nennt als erstes Ziel die Gewinnung einer geschlossenen Gemeinde, die auch *Luthers* Forderung nach einem „Priestertum aller Gläubigen" entspreche, einem Prinzip, das in der bisherigen Kirchbauidee des Protestantismus wenig Ausdruck gefunden habe. Demnach habe eine evangelische Kirche Versammlungshaus der Gemeinde zu sein und nicht Gotteshaus. Damit folgt er genau den Vorstellungen, die der Dresdner Pastor Emil *Sulze* in seinen Beiträgen gefordert hatte. Altar und Kanzel möchte *Veesenmeyer* gleich wichtig einbauen und den Kirchenraum einheitlich gestalten. Nur im Nebensatz nennt er eine Scheidung in Haupt- und Nebenschiffe „unakustisch". Dabei ist gerade die Akustik das wichtigste Kriterium, ob das Projekt einer evangelischen „Predigtkirche" erfolgreich ist. *Veesenmeyer* verwirklicht in seinem Bauprogramm auch noch eine Forderung von Friedrich *Spitta,* der mittlerweile Praktische Theologie an *Veesenmeyers* alter Universität Straßburg unterrichtet: „Der Chor und namentlich sein Dirigent ist durch künstlerische Chorschranken teilweise zu verbergen." Diese Forderung wird in der Ringkirche verwirklicht, auch wenn dieser mächtige Giebel, der den Einheitsraum ausgerechnet gegen die Kirchenmusik auf der Chor-

und Orgelempore abgrenzt, nicht zu den Meisterstücken der Ringkirchen-architektur gehört.[45]

Christian Friedrich *von Leins* gehörte zu den Vordenkern des Eisenacher Regulativs von 1861. Obwohl er – zum Beispiel beim Bau der Stuttgarter Johanneskirche am Feuersee – moderne Gesichtspunkte in den Kirchenbau eintragen wollte, wirkte die Regulierung auf die architektonische Nachwelt als Gefangennahme durch die architektonische Tradition.[46] Sowohl Emil *Sulze* als auch der Architekt und Kunsthistoriker Cornelius *Gurlitt* lehnten diese ästhetische Bürokratisierung durch die Eisenacher Kirchenkonferenz ab.[47]

Auch *Veesenmeyer* möchte dessen Festlegungen überwinden, zumal, wenn sie sich an mittelalterlich-katholischen Traditionen orientieren. „Jede Kirche sollte nach alter Sitte orientirt" sein, hatte das Regulativ im ersten Paragraphen begonnen. Der Ton, in dem *Veesenmeyers* Ausführungen verfasst sind, wendet sich genau hiergegen, aufmüpfig, aber auch dogmatisch, stolz und von dem festen Willen getragen, den „evangelisch-protestantischen" Standpunkt von allem anderen abzugrenzen. Die Bezeichnung „evangelisch-protestantisch" distanziert sich von einer evangelisch-lutherischen Position, die *Veesenmeyer* von seiner neoorthodox lutherischen Heimatkirche in Württemberg gekannt hat, und deren Opfer er in der Hannoverschen Landeskirche bei seiner erfolglosen Bewerbung in Osnabrück geworden war. Protestantisch meint nicht „evangelisch-reformiert", obwohl dieser Rich-

---

[45] Vgl. Anne Heinig: Die Krise des Historismus in der deutschen Sakraldekoration im späten 19. Jahrhundert. Schnell und Steiner, Regensburg 2004, S.231.
[46] Der Architekt und Journalist F. Rudolf Vogel bezeichnete es als gefährliche Fessel für den Künstler. (Matthias Walter, Inszenierung etc. 2015, 62).
[47] Matthias Walter, Inszenierung etc. 2015, 63.

tung, die Sympathien von *Veesenmeyer* und *Bickel* durchaus gehören.[48] Historisch korrekt ist diese Differenzierung nicht, denn nichts hat so sehr mit der Reformation *Luthers* zu tun, wie die Protestation der Fürsten und Reichsstädte am 19. April 1529, die den Christen lutherischer Prägung die Bezeichnung „Protestanten" eintrug. Karl *Dienst* hat ihrer Bedeutung historisch nachgespürt: „Seine spätere inhaltliche Füllung im Sinne z.B. von Individualisierung des Glaubensbekenntnisses, Autonomie, Gewissensverantwortung, religiöser Toleranz und einem das Kulturelle und Politische einschließenden, der Institution Kirche vorgeordneten Ethos mit Familie, Gruppe Gleichgesinnter und Arbeitsplatz als bevorzugten sozialen Orten religiösen Lebens verdankt sich der Aufklärung des 18. Jahrhunderts bzw. Friedrich *Schleiermacher* (1768-1834) und dann dem theologischen Liberalismus des 19. Jahrhunderts."[49] Dieser wird in dieser Zeit als kirchliche „Linke" bezeichnet, deren Zusammenschluss der bereits genannte, 1863 gegründete „Allgemeine Deutsche Protestantenverein" wird, einer liberalen Sammelbewegung, dessen Vorsitzender der Schweizerische Juraprofessor Johann Kaspar *Bluntschli* wurde. Dieser gehörte einer Heidelberger Freimaurerloge an.

---

[48] Der ausgewiesene Kenner der nassauischen Kirchengeschichte, Karl Dienst, (s.u.) bezeichnete im persönlichen Gespräch mit dem Verfasser die theologische Richtung der nassauischen Kirche im 19. Jahrhundert als weniger „reformiert" als vielmehr „rationalistisch".

[49] Karl Dienst: Miniaturen einer nassauischen Kirchengeschichte, Zu nassauisch-protestantischer Frömmigkeit (Art.) Ms. für das Joural für Religionskultur Nr. 165, 2012, 68. Hier auch: „Im Gefolge der Unionen zwischen Lutheranern und Reformierten nach 1817 trat „evangelisch" bzw. „evangelisch-christlich" (Nassau!) als konfessioneller Sammelname auf, während der Liberalismus hier den Begriff „Protestantismus" bevorzugte. "

Ein Teil der Logen kann in dieser Epoche als Hort der Liberalität betrachtet werden[50]. Da Emil *Veesenmeyer* 1880 in Mannheim der Freimaurerei[51] beigetreten ist, ist durchaus möglich, dass es noch eine persönliche Begegnung gab, bevor *Bluntschli* 1881 starb.[52] Im Protestantenverein galt – -neben anderen Richtungen – auch die Vermittlungstheologie des Heidelberger Theologieprofessors Richard *Rothe* etwas. Wie die Freimaurerei an der Versittlichung der Menschheit arbeitet, verfolgt auch dessen Theologie eine fortschreitende Evolution der Geistwerdung, sowohl des Einzelnen als auch der Kulturen: „Das Ziel ist ein zugleich religiöses und sittliches menschheitsumspannendes Gesamtleben."[53] *Rothe* war der Lehrer Emils *Sulzes*.

Veesenmeyers Position spiegelt den Konfessionalismus des späten 19. Jahrhunderts: Dieser entwickelte sich als politisch-theologische Auseinandersetzung in Preußen. Friedrich *Spitta*, dessen praktische Theologie *Veesenmeyer* kannte, hatte in Erlangen bei Johann Christian *Hofmann* studiert, einem Vertreter der Erlanger Schule, die zu dieser Zeit als konfessionalistischer Ast der Vermittlungstheologie galt.[54] *Veesenmeyer* lässt in seinem Programm für den evangelischen Kirchenbau vornehmlich eine Distanzierung vom Katholizismus erkennen. Darin folgt er – wie in vieler Hinsicht – Emil *Sulze*, der die katholische Kirche als eine „auf christlicher Grundlage

---

[50] Vgl. Stefan-Ludwig Hoffmann, Die Politik der Geselligkeit,129ff. Die Humanitären Logen im Gegensatz zu den altpreußischen, die allerdings die Mahrheit bildeten. (Dickie, Die Freimaurer, 342.)

[51] In die Loge Carl zur Eintracht am 13.7.1880.

[52] Dessen Sohn, Alfred Friedrich Bluntschli wurde Architekt und schuf als Schüler Sempers 1892-1894 die Zürcher Kirche für das Quartier „Enge", ein frühes originär schweizerisches Reformbeispiel im Kirchenbau.

[53] Hirsch, Emanuel: Geschichte, der neuern evangelischen Theologie, (1964), Antiquariat Th. Stenderhoff, Münster, 1984, Bd. V. Seite 166.

[54] Vgl. Emanuel Hirsch: Geschichte Bd. V. 420 ff.

erfolgte Erneuerung und Verknüpfung der vorchristlichen Religionen, des Heidentums und des Judentums" beurteilte.

Die römische Kirche dieser Zeit igelt sich nach den Territorialverlusten des Vatikans im Zuge des Risorgimento (1815 bis 1870) in ihrem Dogmatismus ein, wie es durch das Erste Vaticanum 1870 im Unfehlbarkeitsdogma von Pius IX. zum Ausdruck kommt: „Zur Ehre Gottes, unseres Heilandes, zur Erhöhung der katholischen Religion, zum Heil der christlichen Völker lehren und erklären wir endgültig als von Gott geoffenbarten Glaubenssatz, in treuem Anschluss an die vom Anfang des christlichen Glaubens her erhaltene Überlieferung, unter Zustimmung des heiligen Konzils: Wenn der Römische Papst in höchster Lehrgewalt (ex cathedra) spricht, das heißt: wenn er seines Amtes als Hirt und Lehrer aller Christen waltend in höchster apostolischer Amtsgewalt endgültig entscheidet, eine Lehre über Glauben oder Sitten sei von der ganzen Kirche festzuhalten, so besitzt er aufgrund des göttlichen Beistandes, der ihm im heiligen Petrus verheißen ist, jene Unfehlbarkeit, mit der der göttliche Erlöser seine Kirche bei endgültigen Entscheidungen in Glaubens und Sittenlehren ausgerüstet haben wollte." Eine – bis heute nicht aufgehobene - Folge war auch der römische Antimasonismus, ein nahezu ungezügelter Hass auf die Freimaurerei, der zugleich mit Antijudaismus gepaart war.[55] Eine der lehramtlichen Grundlagen war die Enzyklika „Humanum genus", mit der Papst Leo XIII. 1884 erneut die Maurerei verteufelte. Ihr folgten noch drei weitere Enzykliken gleicher Tendenz. Die inneritalienischen Verhältnisse machen dies zwar verständlich: Vor allem zur Zeit des Königreichs beider Sizilien 1816 bis 1860 war die süditalienische Politik z.B. durch die Carbonari stark masonisch geprägt und wandte sich gegen päpstliche Einflüsse und römische Ansprüche. Der pa-

---

[55] Vgl. John Dickie, Die Freimaurer- Der mächtigste Geheimbund der Welt. S. Fischer, Frankfurt am Main, 2020, 313. - Von 1738 bis 1892 erließen Päpste 17 Enykliken gegen die Freimaurerei, deren Anhänger von Rom ab 1821 auch exkommuniziert werden.

pistische Antimasonismus wurde indessen pauschal erklärt und galt damit auch für das englische, amerikanische und deutsche Freimaurertum. Die unheilige Allianz von Katholizismus und Falange sorgte in Spanien offenbar für die gründlichste Verfolgung von Freimaurern im Vergleiuch zu den deutschen und italienischen Übergriffen in der Zeit des Faschismus.[56]

Während die Enzykliken nicht müde werden, mit „alternativen Wahrheiten" die Furcht vor einer moralverschlingenden vom Satan persönlich beauftragten Freimaurerei an die Wand zu malen, spüren die Logen – die im deutschen Sprachraum vorwiegend von evangelischen Christen gebildet werden – den vergifteten, bedrohlichen Ton, der von solcher Propaganda ausgeht.

Zudem: Kaiser *Wilhelm* I. (1797-1888) und sein Sohn, der 99-Tage - Kaiser *Friedrich* III. (1831-1888), waren Freimaurer, die gelegentlich auch in Kontakt mit der Wiesbadener Loge „Plato zur beständigen Einigkeit" traten, in der später Emil *Veesenmeyer* zweimal Meister vom Stuhl war. Ob mithin die Auseinandersetzungen zwischen Katholizismus und Freimaurerei auch zu den Wurzeln der Ringkirchenarchitektur gehören, wäre erst klar, wenn der Beweis erbracht wird, dass Otzen Freimaurer gewesen ist. Es war der Logenbruder *Friedrich* III., der in seiner kurzen Regierungszeit Johannes *Otzen* zum „Geheimen Regierungsrat" ernannt hat.[57] In Wiesbaden erhoffte man sich viel Gutes von der Regentschaft *Friedrichs*. - *Wilhelm* I. hatte zwar auch schon als Reconvaleszent in Wiesbaden Zeit verbracht, aber seine Gegner hatten ihn mit ihrer Propaganda früh zum „Kartätschenprinz"

---

[56] Vgl. John Dickie, Die Freimaurer, a.a.O., 357ff.
[57] Vgl. Horst Stange, Freimaurer in Wiesbaden, im Eigenverlag, Wiesbaden, 2002, 178. Peter Genz: Das Wiesbadener Programm. Ludwig Verlag, Kiel, 2011, 17.

gestempelt. Auch wenn dies historisch haltlos war, hatte das seiner Popularität geschadet.

Manche Freimaurer – auch aus der Wiesbadener Loge –hatten in den revolutionären Monaten der Jahre 1848/49 auf der Seite des Paulskirchenparlamentes gestanden. In der folgenden Restaurationsperiode bangen darum die Logen um ihre Existenz. Den König in den eigenen Reihen zu wissen, ist dennoch ambivalent, wie Hoffmann schreibt: „Die Begeisterung des preussischen Herrscherhauses für die Freimaurerei war mithin politisch zweischneidig. Auf der einen Seite schützte sie die Logen vor der im Gefolge der 1848er Revolution erhobenen Forderung nach ihrem Verbot. Auf der anderen Seite beengte sie den Freiraum der Logen, sich unabhängig vom Staat oder sogar als dessen Korrektiv zu entfalten."[58] Als Ergebnis solcher Zwiespältigkeit treten nicht nur in der Loge Männer wie Emil *Veesenmeyer* auf, die dem völkischen Trend folgen, der zur Modeattitüde dieser Epoche wird, obwohl die Freimaurerei eigentlich die Weltgesellschaft anstrebt. Hoffmann beschreibt diese Addition von Gegensätzen: „Dennoch waren die Weltbürger in den Logen überzeugt, daß nur die überlegenen moralischen Vorzüge des deutschen Volkes den Krieg 1870/71 entschieden hätten, die Deutschen mithin das ‚Menschheitsvolk' geworden seien."[59] Wie der gesamte deutsche Liberalismus deckt auch die Freimaurerei des 19. und frühen 20. Jahrhunderts ein sehr weites Spektrum unterschiedlicher Haltungen ab, von der sozialistischen über die freiheitlich demokratischen zu der romantischen bis hin zur nationalistisch rassistischen Haltung. Die freiheitlich demokratische Richtung fand sich vielfach in den Humanitären Logen, während die Altpreußischen Logen, denen leider etwa 70 Prozent der Freimaurer angehörten, eher rechte Richtungen vertraten.[60] Die Bau-

---

[58] Stefan-Ludwig Hoffmann, Die Politik der Geselligkeit. Freimaurerlogen in der deutschen Bürgergesellschaft 1840 – 1918, Göttingen, 2000, Seite 99.
[59] Hoffmann, Politik, Seite 129.
[60] Vgl. Dickie, Freimaurer, Seite 343

stelle der Ringkirche wird von Freimaurern betreut. Schon in der Kommission, die einen Bauplatz suchen soll, sitzt August *Olfenius*, ein Mitglied der Loge Plato zur beständigen Einigkeit. Er wird auch noch in der Baukommission des Kirchenvorstands ab 1891 und bis zu seinem Tod 1894 in der „größeren Gemeindevertretung" der „Neukirchengemeinde" mitwirken. Später wirkt dort der Freimaurer Franz Valentin *Strasburger* als Kirchenvorsteher. Dann kommen der Architekt Friedrich *Lang*, Pfarrer Emil *Veesenmeyer* und vielleicht Johannes *Otzen*. Haben diese vielen Freimaurer Auswirkungen? Die Durchsicht der Korrespondenzen ist enttäuschend. Die Freimaurerei kommt nicht vor. Aber dennoch: Johannes *Otzen* lässt sich von der Kritik beschimpfen, er habe eine „Lügenkirche" gebaut, wie sie der sächsische Architektenkollege – und Freimaurer – Oscar *Mothes* nannte, weil ihre Ost-West Orientierung vertauscht wurde. *Otzen* hat in anderen Projekten durchaus auch gewestete Kirchen gebaut. Wenn es die städtebauliche Lage erforderte, war er nicht zimperlich. Die Wiesbadener Ringkirche ist im Innern sauber geostet, ihr Außenbau gewestet, obwohl der Kirchenvorstand früh gefordert hatte, *Otzen* solle sie traditionell ausrichten. Die Außenhülle folgt der städtebaulichen Lage mit den Türmen im Osten. *Otzen* begründet mit Licht- und Kostenverhältnissen, dass der Innenbau geostet bleiben müsse. Das nachfolgende Projekt, die Friedhofkirche in Elberfeld, hat er kurzerhand genordet! Ist es da spekulativ, wenn ich annehme, dass ein Grund für diese Treue zur Windrose die gemeinsame freimaurerische Herkunft vieler Bauverantwortlicher ist? Jeder Tempel der Freimaurer lässt den Meister vom Stuhl im Orient sitzen – und nicht im Okzident! Hätten Freimaurer beim gemeinsamen Bau einer Kirche gegen diesen Ritus verstoßen? Von den zahllosen Dreiecken, die auch Anderes bedeuten könnten, sehe ich ganz ab. Aber sie fallen auf! In der südlichen der drei Westrosetten mit der Darstellung der göttlichen Trinität wird schließlich Gottvater als das Sehende Auge der Freimaurerei dargestellt. Die Herzfelder der Rosettenfenster folgen allesamt Entwürfen von Johannes *Otzen*. Hier bleiben Fragen.

Zurück zum Konfessionsstreit: Während sich im römischen Bereich symbolische und mystifizierte Selbstüberhöhung und eine aggressive Bekämpfung von Liberalität und Moderne zum Beispiel in der Freimaurerei, verschärft, nimmt andererseits die völkische Orientierung des deutschen Protestantismus zu. Europaweit rücken Nationalismus und Rassismus nach dem Zusammenbruch der napoleonischen Eroberungen vor. In Deutschland wächst damit auch das Misstrauen gegen die römisch-katholische Welt, zumal diese sich im deutschen Reich ab 1870 mit der „Zentrumspartei" auch eine politische Agentur hält, die dem Ultramontanismus entspringt, der den Konfessionalismus für politische Zwecke zu nutzen sucht. Die Übung, kraft der eigenen Autorität die Wahrheit zu bestimmen, hat in Rom Tradition. Alternative Wahrheiten wie die Konstantinische Schenkung begleiten die römisch-katholische Geschichte immer wieder, in den 90er Jahren des 19. Jahrhunderts der Palladismus,[61] ein antifreimaurerischen Schwindel, dem die katholische Kirche aufsaß, bittere Verwirrung zurücklassend wie später der amerikanische Trumpismus.

Auch der Protestantismus neigte zu monumentaler Machtdemonstration. Das hatte das Hamburger Bauprojekt der neuen Nikolaikirche aufs Schönste bewiesen. Ein 1874 fertiggestellter Bau voller Superlative, der zu allem getaugt hat, nur nicht zu evangelischen Wortgottesdiensten. Dem Dresdner Reformpfarrer Emil *Sulze* galt sie als Leuchtturm einer kirchlichen Fehlentwicklung.

Eine Reformbewegung bemüht sich auf „protestantischer", der nichtorthodoxen Seite um eine Wiederbelebung des gottesdienstlichen Lebens, das sich zuerst von politischen Bevormundungen der liturgischen Äußerungen

---

[61] Vgl. Dickie, Freimaurer, 260ff.

freimachen will. Wollte die Obrigkeit über die Agende – die verpflichtende Formulierung liturgischer Texte – lange Zeit den evangelischen Gottesdienst an die politische Leine nehmen[62], plädiert zum Beispiel die später so genannte „ältere liturgische Bewegung" für eine freiere Gestaltung mit anspruchsvoller Musik zum Beispiel von den damals wiederentdeckten Komponisten *Bach* und *Schütz* oder später *Reger*, der während seiner Wiesbadener Zeit 1890-1898 auch auf der hochromantischen Walcker-Orgel der Ringkirche gespielt hat. Mit der Absicht, den Gottesdienst zu modernisieren, versorgten einige Zeitschriften die Pfarrer mit agendarischen Texten, die die traditionellen Formeln ersetzen sollten. So begannen Pfarrer wieder im Sinne einer einheitlichen Liturgie alle Teile des Gottesdienstes selbständig zu verantworten. Eine Hochburg dieser älteren liturgischen Bewegung war Straßburg, wo Friedrich *Spitta* und später Julius *Smend* als Vordenker dieser Bewegung lehrten. Hier hatte zuvor Emil *Veesenmeyer* studiert.[63] Auch sein Wiesbadener Seniorpartner, Karl *Bickel*, rät am 4. November 1890 dem Architekten *Otzen*, er möchte einen Aufsatz von „Prof. *Spitta* im Thüringischen „Kirchen- und Schulblatt", Heft 21, Seite 332 und „einen Artikel von Pastor *Sulze*" in Nr. 44 der „Protestantischen Kirchenzeitung",

---

[62] In Preußen hatte es seit Friedrich Wilhelm III (1816) Versuche gegeben, die gottesdienstliche Ordnung von „oben" zu diktieren, wogegen sich der Berliner Theologieprofessor, Friedrich Daniel Schleiermacher, in scharfer Form wandte, was diesem wiederum ein Strafverfahren als „bösartigem Geistlichen" eingetragen hatte. Ab 1829 hatte sich der königliche Standpunkt in den Kirchen vornehmlich der ostelbischen Gebiete durchgesetzt, während Westfalen und Rheinland gegen das landesherrliche Kirchenregiment die geplante Synodal- und Presbyterialverfassung setzten. *Vgl: K. Kupisch: Agendenstreit, (Art.) RGG III, J.C.B. Mohr, Tübingen, 1957.*

[63] Im Hinblick auf die Kirchenmusik unterscheidet sich die ältere liturgische Bewegung von der Gemeindetheologie Sulzes. Letzere rät - predigtzentriert – nur zu sparsamem Einsatz von Musik im Gottesdienst.

1888 zur Kenntnis nehmen.[64] Wenn man die theologische Richtung, aus der heraus das Wiesbadener Programm entwickelt wurde, genauer bestimmen möchte, dann ist es wohl am ehesten der Vermittlungstheologie zuzurechnen, die Emanuel Hirsch mit ihrer konfessionalistischen Schwester verglichen hat: „(Es) dürfte die Gruppe der Vermittlungstheologen als die weitaus reichere und fruchtbarere erscheinen, welche zum mindesten in theologischer Hinsicht die wahre Trägerin des deutschen evangelischen Christentums gewesen ist. ... Die Vermittlungstheologie vermag es, das evangelische Christentum in Fühlung mit Wissenschaft und Bildung der Zeit zu halten. Die Kraft der biblischen oder kirchlichen Rechtgläubigkeit *(im Sinne des „Konfessionalismus", der Verf.)* ist viel stärker in einem sich aus dem Strom des geistigen Lebens absondernden Eigendasein gebunden. Das ist eine Haltung, die der evangelischen Theologie in ihrer ganzen Geschichte bis dahin ferne gelegen hat."[65]

Diese theologische Richtung entspricht dem Kulturprotestantismus, der allerdings seit dem Wechsel Adolf *von Harnacks* [66] von Hessen nach Berlin an die dortige Friedrich-Wilhelms-Universität (1888–1924) ihren Schwerpunkt verlagert, während die Ältere Liturgische Bewegung einen stärker süddeutschen Charakter trägt.

---

[64] Emil Sulze: Aus der Geschichte des protestantischen Kirchenbaus. (Art.) Protestantische Kirchenzeitung 30.10.1889 (!), ab Sp. 1025. Hier fordert Sulze auch die Orgel in Front der Gemeinde. Vgl. Quellenband S. 63.

[65] Hirsch, Geschichte, Bd. V., Seite 428.

[66] Harnack, Adolf ab 1914 von Harnack, * 1851 in Dorpat, Livland; † 1930 in Heidelberg, Theologe und Kirchenhistoriker mit dem Schwerpunkt Dogmengeschichte. Er lehrt als Grundlage jeder Lehre eine historische Klärung, wann eine Lehre entstanden sei. Er ist nicht nur der profilierteste Vertreter der historistischen Theologie, sondern auch der Lehrer einer liberalen Theologie auf der Grundlage des Historismus. Zugleich war er auch Wissenschaftsmanager, der die Kaiser-Wilhelm-Gesellschaft gründete und leitete.

Widerspricht diese Zuordnung nicht der Tatsache, dass die Lehre, die zum Wiesbadener Programm führt, dem „Zentralorgan" der kirchlichen Linken entnommen wurde, der „Protestantischen Kirchenzeitung"? Nein. Zum einen haben in Preußen die „unausgesetzten gehässigen Angriffe der Hofpredigerpartei" Stöckers und ihr Paktieren mit den konfessionellen Gegnern der unierten Kirche eine Lage herbeigeführt, in der sich alle Kräfte, die gegen die reaktionäre positive Richtung gewandt sind, näherrückten. In der Protestantischen Kirchenzeitung findet sich 1880 ein Beitrag über die „Mittelpartei", dass sie „einen gemäßigten kirchlichen – nicht theologischen – Liberalismus aufrichtig" vertrete.[67] Zum anderen gehört zur Selbstdefinition der linken Zeitung eben, dass sie keine eigene dogmatische Festlegung betreibt, sondern dass sie die Freiheit schaffen möchte, dass Wissenschaft und persönliches Gewissen ein Forum finden, wo sie diskutiert werden können.[68] In dem Beitrag wird auch offen zum Ausdruck gebracht, dass die zahllosen Übergriffe der positiven Partei die „allmähliche Lockerung und schließliche Lösung des Bandes herbeiführen müssen, das gegenwärtig, allen Teilen zum Segen, unsere evangelische Kirche mit dem Lande und dem Landesherrn verknüpft."[69] Ein fast schon revolutionäres Bekenntnis...

Obwohl die Ringkirche die mittelalterliche Baudekoration des „Übergangsstyls" zwischen Romanik und Gotik trägt, ist sie eine von vermittlungstheologischen und liberalen Ideen[70] ihrer Zeit bewegte „Predigtkirche" in direkter Abkehr von den Vorgaben des Eisenacher Regulativs. Johannes *Otzen* hatte nicht nur seinen ersten Kirchenbau bereits als „Predigtkirche" bezeich-

---

[67] Protestantische Kirchenzeitung 1880, Sp. 841. Ohne Autorenangabe.

[68] Vgl. Protestantische Kirchenzeitung, „Aus dem ersten Lustrum unserer Kirchenzeitung" ohne Autorenangabe, evtl. der Herausgeber, Julius Ernst Websky, 1880, Sp. 661-668.

[69] Protestantische Kirchenzeitung, 1880, Sp. 844.

[70] Der Gründer und langjährige Vorsitzende der „Mittelpartei", Johann Heinrich Christoph Willibald Beyschlag war 1886 der Gründer des Evangelischen Bundes, dessen nassauische Hauptkirche lange die Ringkirche war.

net, sondern suchte mit zahlreichen Grundrissen nach einem Ausweg aus der fruchtlosen Kopie mittelalterlicher Prozessionsbauten.[71] Der evangelische Kirchenbau, in dem nicht prozediert wird, sondern gesessen, gehört, gebetet und gesungen, soll diesem Zweck ebenso gut genügen wie die gotischen Kathedralen sich für Prozessionen eigneten. Unter den Kirchen *Otzens* stellt die Ringkirche zusammen mit der Friedhofskirche in Elberfeld den radikalsten Bruch mit dem Eisenacher Regulativ dar. Die letzte Kirche nach dem Wiesbadener Programm, die 1902 *Otzen* für Rheydt entwirft, wird beinahe herkömmlich wirken. Jörn *Bahns* bezeichnet diesen Entwurf, er erschiene „in eigenartiger Verleugnung des Programms".[72]

---

[71] Vgl. Gottfried Kiesow, Das verkannte Jahrhundert, Bonn, 2005, 201.
[72] Bahns, Otzen, 42.

III. Ausschreibung
und IV. Die Frage nach Otzen

Um nun zu einem praktischen Ergebnis zu kommen, wer die neue Kirche entwerfen und wie diese aussehen soll, wird wohl auf Initiative von Karl *Bickel* der Plan vorbereitet, mit einer Ausschreibung zum Ziel zu kommen. Dafür war bereits eine Jury in der Diskussion, die aus drei verdienten älteren Baufachleuten bestanden hätte:

Heinrich *Wagner*, (1834-1897) großherzoglich hessischer Geheimer Baurat und Professor in Darmstadt,
Julius *Raschdorff*, (1823-1914) Geheimer Regierungsrat und Professor in Berlin, der Erbauer des Berliner Doms,
Franz-Josef *Denzinger*, (1821-1894) Oberbaurat und Dombaumeister zu München. Dazu wären noch die lokalen Kräfte getreten,
Karl *Bickel*, als Erster Pfarrer in Wiesbaden
und die - des Kirchenvorstands, die mit einer Stimme hätte mitwirken können - bei Stimmengleichheit hätte ihre Stimme den Ausschlag gegeben.

Bevor es dazu kommt, wendet sich *Bickel* am 2. Juli 1890 an einen Berliner Kollegen, Superintendent *Brückner*,[73] um in Erfahrung zu bringen, welche Kirchbauideen in der Hauptstadt Erfolg hatten. Dieser kann ihm wenig helfen, da er gerade in Urlaub weilt, aber vermittelt ihm offenbar einen Kontakt

---

[73] Benno Bruno Brückner (* 9. Mai 1824 in Roßwein; † 2. Mai 1905 in Berlin) war ein deutscher lutherischer Theologe, Propst und Generalsuperintendent in Berlin. Vgl. wikipedia, Bruno Brückner, Art. Abgerufen am 3.1.2021.

zu dem Pfarrer der in Bau befindlichen Emmauskirche[74] in Kreuzberg, Paul *Grauenhorst*, der *Bickel* einen umfangreichen Antwortbrief zukommen lässt. Er kann nichts über den Erbauer des Berliner Doms, Julius Carl *Raschdorff* sagen, nach dem Bickel ihn offenbar gefragt hatte. Unter all den genannten Kirchenbaukoryphäen kommt bei *Grauenhorst* Johannes *Otzen* am besten weg. Wir vermuten, dass dies den Ausschlag gegeben hat, dass *Bickel* nun auf eine Ausschreibung zunächst verzichten möchte und direkt bei *Otzen* anfragt. *Bickel* kennt ihn noch vom Bau der Wiesbadener Bergkirche, 1876 bis 1879, und hatte ihn schätzen gelernt. Die Berliner Emmauskirche, deren erster Pfarrer Paul *Grauenhorst* werden wird, ist ein Kompromiss zwischen einem Zentralbau - wie die Dresdner Frauenkirche - und einer traditionellen Langhauskirche. Damit folgt die Emmauskirche der Forderung des Eisenacher Regulativs nach einem Longitudinalbau, andererseits sorgt ein eingebauter Zentralbau für mehr Platz und bessere Akustik. K.E.O. *Fritsch* bezeichnete den Entwurf als „bedeutendsten Versuch selbständiger Gestaltung."[75] Sie ist ein Beispiel für die wilhelminische Hierachisierung des Protestantismus von rechts: Der Altar in einem für die Gemeinde abgelegenen Chorraum erhebt den Pfarrerstand zum Regenten eines heiligen Raumes, ähnlich wie der Altarraum im katholischen (oder orthodoxen) Kirchenbau nur dem Priester offensteht.[76]

---

[74] Die Emmauskirche wurde nach Plänen von August Orth 1890-93 gebaut und war einerseits sehr teuer und andererseits für 2.100 Personen größer als die für Wiesbaden geplante Kirche. Sie war eindrucksvoll, hatte aber einen merkwürdigen Aufbau, da die Kanzel weit weg vom in die Apsis gerückten Altar stand. Nach dem II. Weltkrieg neues verkleinertes Langhaus.
[75] K.E.O. Fritsch, Der Kirchenbau, 1893, Seite 255.
[76] Vgl. Peter Genz, Das Wiesbadener Programm, 32.

In der Ringkirche wird im Gegensatz dazu der Altar in die Mitte der Gemeinde zurückkehren und ihr Innenraum wird zum fast einheitlichen Zentralbau.

Ein Indiz für den Einfluss der älteren liturgischen Bewegung ist die Anfrage *Bickels* an den Frankfurter Caecilienverein, in der er sich erkundigt, wieviel Platz ein Oratorienchor auf der Chorempore der neuen Kirche brauche. Sulze hielt bei seinen Planungen Kirchenmusik für weitestgehend verzichtbar, ein „Ölbild in einem Kupferstich“, während die Ringkirche für Gottesdienste mit reicher Musikbegleitung geplant wird.

Am 4. Oktober 1890 schreibt Karl *Bickel* nach Berlin an Johannes *Otzen*: „Nachdem wir einen schönen Bauplatz für eine dritte evangelische Kirche

hier erworben und unter der Hand einen Baufonds somit gefunden haben, daß wir mit Hilfe eines Anleihens nun mehr an die Ausführung des Bauens selbst gehen können, hat der Kirchenvorstand in der gestrigen Sitzung beschlossen, von dem Ausschreiben einer allgemeinen Konkurrenz zur Erlangung von geeigneten Plänen einstweilen abzusehen und vorerst bei Ihnen durch mich

Am Ende: Ein neues Raumprogramm für evangelische Kirchen.
Die Ringkirche Janaur 2021.

anfragen zu lassen, ob Sie geneigt wären, uns einen geeigneten Plan anzufertigen und entsprechend auszuführen."[77]

Eine persönliche Überlegung

Wenigstens zu einem guten Teil scheint es sich bei der Frage nach dem Kirchbau um eine Stellvertreterschlacht zu handeln, deren wahres Ziel man aus gutem Grund nicht nennen will. Martin Luther hatte bei der Reformation ab 1517 die Verantwortung für den christlichen Glauben der kirchlichen Hierarchie entwunden und dem Gewissen des Einzelnen aufgetragen. Wer von dieser Haltung aus an Fragen des Kirchbaus herantritt, kann ausschließlich der „Predigtkirche" das Wort reden. Dagegen scheint sich in der kirchlichen Rechten unter dem preußischen König eine Gegenbewegung aufzubauen. Die Paulskirchen-Revolution hatte 1848/49 bewiesen, dass es nicht unerhebliche Kräfte in Deutschland gibt, die sich gegen die aristokratische Obrigkeit wenden würden. Und im Selbstbewusstsein des Königtums und seiner inner und außerkirchlichen Vasallen bedeutete das zugleich auch einen Angriff auf den Summepiskopat, fühlte sich der preussische König doch als legitimer Oberhirte seiner evangelischen Kirche „von Gottes Gnaden". Werden nun Kirchen errichtet, in denen nur ein kleiner Teil der Teilnehmenden den genauen Inhalt der Liturgie und Predigt verstehen konnte, haben wir Verhältnisse wie im vorkonziliaren Katholizismus: Der Einzelne braucht nichts zu verstehen, er kann kein Latein, er muss nichts beitragen, er partizipiert am Heilsgeschehen der Messe, indem er sich durch Teilnahme dem römischen Katholizismus unterwirft.[78] Es gilt auch

---

[77] Quellenband 1, Seite 42.
[78] Wir enthalten uns einer Meinung, ob der römische Katholizismus im Grunde heute noch so denkt.

hier das Diktum von Eilert *Herms* [79]: „Denn die Öffentlichkeit der römischen Kirche identifiziert sich nicht über einen diskursiv gewonnenen Konsens, sondern grundlegend vorsprachlich durch die praktizierte Gemeinschaft mit der Hierarchie." Den Hass auf den Katholizismus und insbesondere die Jesuiten teilte auch der 99-Tage-Kaiser Friedrich III., obwohl er – nicht nur in seiner Familie – als Liberaler galt.

In einer übergroßen Monumentalkirche wird der evangelische Gottesdienst zu eben demselben Ritual: Die Evangelischen kommen in den Gottesdienst; ob sie etwas hören, verstehen oder ob ihr Glaube davon profitiert, ist gleichgültig. Wichtig ist, dass sie sich mit ihrer Teilnahme am Gottesdienst dem König als Oberhirten in politischen und geistlichen Dingen unterwerfen. Dazu passt die Zweiraum-Theologie, die einen Raum für die Gemeinde und einen Raum für das göttliche Abendmahl vorsieht. Der Einzelne muss von der Obrigkeit im Dienste des Königs, dem Kleriker, zugelassen werden. Wir spüren die Nähe zur Feier der Heiligen Eucharistie. Der Pfarrer wird wieder zum Priester, der Kaiser zum Papst. - Zuweilen scheinen sich die Diskussionen zwischen der kirchlichen Rechten und Linken im Zeitalter eines real existierenden preußischen Königs um genau diesen Sachverhalt herum zu drücken. Stattdessen streitet man eben um den Kirchenbau...

Kaiser *Wilhelm* II., war von seinen Höflingen ausdrücklich vor der Architektur der Ringkirche in Wiesbaden gewarnt worden. Als Wilhelm aber die Ringkirche besuchte, teilte er ein wohlwollendes Gefallen an dieser Architektur mit. So bedrohlich erschien sie ihm dann doch nicht.

Abschließend: Die kirchliche Mitte und Linke, die *Rothe* und *Sulze* folgten, entwickelten Sympathien für Johannes *Calvins* Genfer Gottesstaat. Von diesem hätte sich jeder fundamentalistische Ayatollah eine Scheibe ab-

---

[79] Eilert Herms: Einheit der Christen in der Gemeinschaft der Kirchen. Vandenhoek und Ruprecht, Göttingen, 1984, 73.

schneiden können.[80] Ziel des Neuprotestantismus ist eine christlich organisierte Volksgemeinschaft, in der jeder freiwillig oder unfreiwillig einer christlichen Moral folgt. Unter diesem Vorzeichen bekommt dann auch die Predigtkirche etwas Bedrohliches: Sie soll dazu dienen, die Menschen für ein solches Gemeinwesen gleichzuschalten. Das Ziel des Kulturprotestantismus ist, die Kirche aufzulösen in diesen nach christlichen Gesetzen kommandierten Staat. – Gestern marxistische und heutige ökologische Verkündiger mit und ohne Greta Thunberg stehen da wiederum in würdiger Nachfolge: Rechts, Mitte, Links, die kirchlichen Parteien haben mit der heutigen Theologie und ihren Strömungen gemeinsam die Sehnsucht nach Relevanz, das Lechzen nach Bedeutung im irdischen Leben von Gemeinschaft, Volk oder Ökumene. Theologie verwässert leicht zur ideologischen Heilslehre zur Weltrettung. „Dann werden wir ihnen ein stilles, bescheidenes Glück geben, das Glück kraftarmer Kreaturen, als die sie ja geschaffen sind, " lässt Dostojewskij seinen Großinquisitor sagen.

Emil Sulze und Emil Veesenmeyer

Veesenmeyer räumt ein, dass er für sein Bauprogramm zu der dritten evangelischen Kirche in Wiesbaden von *Sulzes* Haltung zum protestantischen Kirchenbau beeinflusst worden sei, auch wenn er zuvor betont, er bringe dazu auch Erfahrungen ein, die er als früherer Pfarrer einer reformierten Gemeinde gewonnen habe.[81] Zwei Aufsätze *Sulzes* nennt er, die in der „Protestantischen Kirchenzeitung" veröffentlicht wurden. Einen Beitrag *Sulzes* über

---

[80] Vgl. Jan Dirk Hebermann: Johannes Calvin: Der Taliban von Genf, (Art.), Handelsblatt, 10.07.2009.
[81] Vgl. oben Seite 22.

den Kirchenbau aus dem Jahr 1881[82] und einen aus dem Jahr 1889[83]. Da wir wissen, dass sowohl *Veesenmeyer* als auch Karl *Bickel* die Protestantische Kirchenzeitung gelesen haben, dürfen wir davon ausgehen, dass beide das Gemeindekonzept *Sulzes* gekannt und bis zu einem gewissen Grade auch geschätzt haben. Das kommt auch kirchenpolitisch zum Ausdruck in der Aufteilung der Wiesbadener Gesamtgemeinde in Einzelgemeinden mit Pfarrbezirken, die 1892 durchgeführt wird, ein Schritt, der ganz dem Sulze'schen Gemeindekonzept entspricht. Es lohnt daher, einen Blick auf dieses Gesamtkonzept zu werfen, aus dem heraus *Sulze* zu seinen Vorstellungen für einen evangelischen Kirchenbau kommt.

Emil *Sulze*, publizistisch aktiver Pfarrer in Dresden-Neustadt, legt seit den 80er Jahren des 19. Jahrhunderts in vielen Aufsätzen nicht nur in der Protestantischen Kirchenzeitung eine Kirchenreformidee vor, die sich um den zentralen Begriff der „Gemeinde" dreht. Er wird diese gelegentlichen Arbeiten in Zeitungen 1891 unter dem Titel „Die evangelische Gemeinde" in einem Buch zusammenfassen zu einem kirchlichen Handlungskonzept, das den Prinzipien des Neuprotestantismus im Sinne einer konsequenten Kulturtheologie entspricht:[84]

„Nicht in den Sakramenten der Priester, sondern in der christlichen Verklärung ihrer Mitglieder haben sie {die christlichen Gemeinden} die Herrlichkeit ihres Herrn der Welt zu verkündigen und sie dadurch in ihn zu verklären. *Rothe* hat ganz recht, wenn er als evangelischer Christ die christliche Verklärung aller Lebensverhältnisse fordert, wenn er verlangt, das ganze

---

[82] Emil Sulze: Der Evangelische Kirchenbau, (Art.) Protestantische Kirchenzeitung 1881, Spsp. 249-257, 274-279.

[83] Emil Sulze: Aus der Geschichte des protestantischen Kirchenbaues. (Art.) Protestantische Kirchenzeitung, 30.10.1889, Sp. 1025ff.

[84] Emil Sulze: Die evangelische Gemeinde, Friedrich Andreas Perthes, Gotha, 1891. Nachdruck der Originalausgabe Hansebooks, Norderstedt, o. J.

Volk[85] solle die unter uns erreichbare Darstellung des Christentums werden. Die Kirchgemeinden wären sozusagen nur Missionsanstalten, die aufhören müßten, wenn ihr Zweck erreicht sei. Dann würde die Wissenschaft an die Stelle der Glaubenslehre treten, die Kunst an die Stelle des Gottesdienstes; die bürgerliche Armenpflege würde die kirchliche entbehrlich machen und die Strafrechtspflege des Staates zur Seelsorge werden."[86]

Die Betrachtung der evangelischen Kirchengeschichte fällt bei *Sulze* eher düster aus: Nach der Reformation sei der Protestantismus erstarrt und habe das „Angesicht des Todes" getragen, da die weltliche Obrigkeit die Prediger angestellt hätte und sich keine Gemeinden als Gemeinschaften Gleichgesinnter gebildet hätten.[87] Anstelle der katholischen Hierarchie sei die Orthodoxie, eine „Verstandesdürre"[88] getreten, deren Kirchlichkeit er als „Formelwesen" beschreibt, dem viele die Hierarchie vorziehen würden.[89] Selbst *Luthers* Ruf nach der Heiligen Schrift sei in Vergessenheit geraten. Die Person des Predigers hätte im Rahmen der Orthodoxie keine Rolle spielen dürfen. Gegen diesen Trend des Unpersönlichen hätten sich Philipp Jakob *Spener* und August Hermann *Francke* gewandt.

Sulze bezeichnet als die älteren Epochen der protestantischen Kirchengeschichte Reformation, Orthodoxie und Pietismus. Denen folgten die „Aufklärung, classische Zeit und Romantik." - Was in der ersten Periode am Anfang gestanden habe, stünde nun „in der Mitte, die eigentlich schöpferische Erhebung."[90] Die Aufklärung nach *Kant* habe zum Rationalismus ge-

---

[85] Und was wäre dann mit den Juden und Andersgläubigen?

[86] Emil Sulze, Gemeinde, 1891, Seite 10.

[87] Vgl. Emil Sulze: Erstarrung und Wiederbelebung des Protestantismus, (Art.), Protestantische Kirchenzeitung 12. Mai 1880, Sp. 425.

[88] Sulze, Erstarrung, Sp. 431.

[89] Sulze, Erstarrung, Sp. 247f.

[90] Sulze, Erstarrung, Sp. 431.

führt, der bis in die vierziger Jahre des 19. Jahrhunderts angedauert habe. Als „classische Periode" sieht er die Zeit von *Klopstock* bis *Schiller*, deren Zentrum *Goethe* sei. „Da ist Goethe gekommen. Sein innerstes Leben war Poesie. Vor seiner Seele löste sich der Zauber, der bisher die Welt für unser Volk gefesselt gehalten hatte. Natur und Menschenleben fühlt er nach in ihrem stillen Werden, das aus der Seele Gottes quillt."[91]

Hier klingt er bereits an, der in der völkischen Epoche mächtige Goethekult, der mit der Bezeichnung des Deutschen als „faustischem Menschen" noch viel Unheil in die Welt tragen wird. *Schiller* habe demgegenüber „die Tat der sittlichen Freiheit, von der die Welt gestaltet und erneuert wird," als Inhalt seiner Poesie. Wir bezweifeln, dass der eigensinnige Schwabe und fahnenflüchtige Militär einer christlichen Diktatur à la Sulze zugestimmt hätte.

„Während in ihm *(unserem Volk)* die Aufklärung veraltete Überlieferun-gen aufräumte und eine Fülle der größten Genien das Leben offenbarte, das Gott selbst in die Menschenseelen gelegt hat; während unser Volk eine gei-stige Auferstehung ohnegleichen erlebte – brach in Frankreich der Vulcan der Revolution auf, ergoss seine Fluten auch über die Nachbarvölker"[92]

Auch die Einschätzung, dass die Romantik gegenüber der Klassik und dem Rationalismus einen Rückschritt bedeutet hätte, erinnert an das Diktum *Goethes*: „Das Klassische nenne ich das Gesunde und das Romantische das Kranke."[93] „Daß die Aufklärer und Rationalisten, soweit ihr Einfluß reichte, das sittliche Leben in höherem Maße gefördert haben als die Orthodoxen vor und die Romantiker nach ihnen, das ist eine Tatsache der Geschichte, die abzuleugnen nur der Unkenntnis oder der Unredlichkeit möglich ist."[94]

---

[91] Sulze, Erstarrung, Sp. 434.
[92] Sulze, Erstarrung, Sp. 436.
[93] Johann Wolfgang Goethe, Gespräch mit Eckermann, 2.4.1829, https://www.goethe-gesellschaft-erfurt.de.
[94] Sulze, Erstarrung, Sp. 433.

Diese Einschätzung lässt deutlich erkennen, dass das Anliegen *Sulzes* in der Ethik und der moralischen Beeinflussung des Volkes liegt, kurz in der Politik.

Dazu will sein Gemeindekonzept Laienseelsorger in Einsatz bringen, die als „Presbyter" dafür sorgen, dass „das Christentum zur beherrschenden Gewalt im Leben des Volkes"[95] wird. Sein Vorbild, das er aber noch übertreffen möchte, sind die Genfer Verhältnisse, die Johannes *Calvin* ab 1541 geschaffen hatte. Dieser habe neben Presbytern für die Gemeindeaufsicht noch Diakone für den Liebesdienst beschäftigt. Sulze möchte, dass Aufsicht („Seelsorge") und Liebesdienst in einer Hand liegen. Dem heutigen Leser geraten diese Presbyter darum in die Nähe von moralischen Blockwarten, die jedem Einzelnen in der Volksgemeinschaft jegliche Individualität, Freiheit und Eigenverantwortlichkeit nehmen und für wohl umsorgte Gesinnungsschnüffelei sorgen. Das Modell würde einerseits die pastorenzentrierte Kirche zu einem kleinen Teil demokratisieren, weil ihre Aufgaben auf viele Schultern verteilt würden, andererseits aber würde das Volk in die starre Form eines von oben nach unten durchregierten Ständestaates gegossen, der eine Lösung der sozialen Frage im Zeitalter der industriellen Revolution nur unter dem Preis einer weitestgehenden moralisch-politischen Gleichschaltung erlaubte.

Wenn draußen in den Straßen der Gemeinden die Presbyter ihre seelsorgerliche Gewalt ausüben, was bleibt dem Pfarrer zu tun? Er soll die Gemeinde mit ihrer Geschichte verbinden – wir haben es hier mit einem Dokument aus der Zeit des Historismus zu tun: „Also Geschichte, Geschichte und noch einmal Geschichte ist das Lebenselement des Geistlichen, die Quelle seiner Kraft und seiner Berechtigung. Sie hat er der Gemeinde gegenüber zu

---

[95] Sulze, Gemeinde,1891, Seite 21.

vertreten, um die Gemeinde vor dem Rückfall zu überwundenen Lebensformen zu bewahren."[96]

In der Mahnung, die Gemeinde vor dem Rückfall zu retten, stecken zugleich Fortschrittsgedanken und ein theologisch gefärbter Darwinismus. Auch als Prediger unterwirft sich der Pfarrer nach *Sulze* der Penetrationaufgabe aller Lebensbereiche:

„Was also soll der Inhalt der Predigt sein? Antwort: der Katechismus. Sehen wir ab von den Bestimmungspredigten, so kann und darf es keine anderen als Katechismus Predigten geben. Und kaum ist etwas für unser kirchliches Leben unheilvoller gewesen, als daß diese Einsicht uns gefehlt hat. Dadurch ist es verschuldet worden, dass Hunderttausende unserer Gemeindeglieder, die Sozialdemokraten, von der Hauptsache im Christentum, von den Werten der sittlichen Persönlichkeit, von dem Dasein, von der Vergeltung, von der erlösenden Arbeit Gottes, von der inneren ewigen Bedeutung der wichtigsten Lebensordnungen, der Familie, der Arbeit, des Eigentums, keine Ahnung mehr haben."[97] Unkenntnis führt demnach zum Sozialismus...

Die ausführliche Auseinandersetzung mit *Sulze* soll zeigen, dass seine Lehre vom Kirchenbau Teil einer theologischen Leitidee ist, die als ideologisches Gesamtkonzept eine kulturprotestantische Vision von einem unter einer christlichen Liebesdiktatur kommandierten Volk im Gleichschritt anstrebt. Es kann hier nicht untersucht werden, wie groß der Einfluss *Sulzes* auf das Werden der modernen evangelischen Kirche war, aber wir vermuten, dass man ihn kaum überschätzen kann.

Das, was *Sulzes* Gemeindekonzept natürlicherweise entgegenstrebt, ist die schlichte Tatsache, dass es auch andere weltliche und religiöse Bekenntnisse nebst Institutionen gibt. Der Totalitätsanspruch seiner Ideologie hat zur

---

[96] Sulze, Gemeinde, 1891, Seite 61.
[97] Sulze, Gemeinde, 1891, Seite 67.

Folge, dass auch für den Katholizismus oder das Judentum kein Platz ist, wenn das ganze Volk zum Objekt der Reform werden soll. Das korrespondiert harmonisch mit dem ohnehin in dieser Zeit herrschenden Konfessionalismus, der seine heftigste Ausformung im Kulturkampf in den siebziger Jahren des 19. Jahrhunderts gefunden hatte, aber auch einem immanenten Antijudaismus.

Zwei Elemente leiten *Sulze* bei seinem Grundkonzept einer protestantischen Kirchenarchitektur: Das erste ist eine mythisch überhöhte Bewertung von George *Bährs* Dresdner Frauenkirche, die mit sächsischem Lokalpatriotismus zur protestantischen Musterkirche erhoben wird. Das andere ist die Abwendung von allen als katholisch betrachteten Traditionen:

„Wie man auch den Unterschied zwischen Katholicismus und Protestantismus auffassen mag, das steht doch fest, dass der Katholicismus die Gemeinde in Priester und Laien teilt, der Protestantismus aber nicht. Das muss auf jeden Fall im Kirchenbau sich abspiegeln. Der Katholicismus weiß klar was er will. Jede seiner Kirchen zerfällt daher wie die Gemeinde selbst in zwei Teile. Den Laien gehört das Schiff, den Priestern der Chor, der von ihnen den Namen hat. Daraus ergibt sich klar, daß eine protestantische Kirche als eine Einheit, ohne den Unterschied von Schiff und Chor sich darstellen muß; denn wir sind alle Priester Gottes.“[98] Später wird er dies in seinem Gemeindekonzept noch präzisieren: „Jede katholische Kirche ist beides, Gemeindehaus und Gotteshaus oder Tempel. Sie besteht also aus zwei Teilen. Beide sind (durch den Triumphbogen) miteinander verbunden. Der an das Gemeindehaus (das Schiff) angebaute Tempel (der Chor) ist der Ort, an dem der Priesterchor sich versammelt, und dem in dem verwandelten Brote anwesenden Gotte auf dem Altare das Meßopfer darzubringen.“[99] Die Reformatoren hätten dagegen gefordert, dass Gott in den Herzen zu suchen

---

[98] Sulze, Kirchenbau, 1881, Sp. 251.
[99] Sulze, Gemeinde, 1891, 209.

sei. „Wir können nicht Priester, Opfer, Altäre, Tempel haben, sondern nur sein. ... - Für uns sind die Seelen der Gemeindeglieder das Allerheiligste. In ihnen wohnt Gott im Geist und in der Wahrheit."[100]

Dieselben Leitmotive finden sich auch bei *Veesenmeyers* Konzept für ein protestantisches Kirchenbauprogramm. *Sulze* sieht den Hauptunterschied zwischen evangelischem Gottesdienst und der römisch-katholischen Messfeier darin, dass die Gnade Gottes auf der evangelischen Seite durch das Wort Gottes, also die Predigt zu den Menschen gelangt, während dies im Katholizismus durch die Eucharistie (bei *Sulze* „Messe" genannt) geschehe: „In der Messe macht der Priester Christum auch seiner Gottheit nach gegenwärtig. In ihr ist doch im Grunde in der verwandelten Hostie Gott ebenso wieder gegenwärtig, wie die Juden ihn im Allerheiligsten über der Bundeslade gegenwärtig dachten. Die Priester umgeben ihn. Auf dem Altare opfern sie den Sohn dem Vater."

Die Predigtkirche wird demgemäß mehr auf die Kanzel als auf den Altar auszurichten sein, was später die Diskussion mit süddeutschen Lutheranern erhitzen wird, die die Kanzel nicht über dem Altar dulden wollen. Auch der Grundriss des Einheitsraumes, ohne Chor und ohne Nebenschiffe müsse ein anderer sein „als der einer Meß- oder Processionskirche. Der Redner muß von all seinen Hörern gesehen werden."[101]

Die Kirchenarchitektur dient *Sulze* bei der Inszenierung eines gemeindlichen Gemeinschaftserlebnisses, das er in Übereinstimmung mit Philipp Jakob *Spener* schildert. Der Gemeinschaftsgottesdienst sei eben mehr als ein einsames Bibellesen: „Das wird er eben dadurch, daß die religiöse Begeisterung der Versammelten wie des Redners, Gewalt und Kraft ausübt über jedes einzelne Herz. Es ist also zweifellos, daß im Gottesdienst das Leben der Per-

---

[100] Sulze, Gemeinde, 1891, 210.
[101] Sulze, Kirchenbau, 1881, Sp. 252.

sonen, d.h. die Gemeinde eine Bedeutung hat. Der Gottesdienst ist keine Sonntagsschule, sondern der Zusammenschluß einer Familie in dem Leben Christi, das also nicht blos in dem verwandelten Brot, wie der Katholik meint, und nicht blos im Wort, wie die protestantische Ansicht war, sondern vor allem in den lebendigen Seelen zu suchen ist."[102]

Wenn die Kirchenarchitektur dazu beiträgt, die Kirchengemeinde zur Familie werden zu lassen, „die auch in Gesang und Predigt schon in inniger Liebe sich zusammenschließt", dann müssten die Emporen, die auch der Katholizismus in seinen Prozessionskirchen nicht ertragen habe, „auch bei uns wieder wegfallen..."[103]

Diesen Punkt übernimmt *Veesenmeyer* getreulich für sein Konzept, obwohl die Planung der dritten evangelischen Kirche für Wiesbaden nicht an einem Betsaal[104] orientiert ist, der für *Sulze* das Ideal einer evangelischen Kirche bedeutet, in dem es schließlich auch keine balkonähnlichen Kanzeln geben soll, sondern allenfalls erhöhte Stehplätze für den Redner. Mit der Kanzel falle dann auch der Kanzelton.

Schließlich positioniert *Sulze* das Abendmahl als das Sakrament des Altars zum Allheilmittel aller gesellschaftlichen Spannungen seiner Zeit: Dem Gemeindeleben solle eine warme Innigkeit gegeben werden, das es nur von der Abendmahlsfeier her empfangen könne. „Die Bitterkeit, die Arm und Reich jetzt trennt; die Roheit, die sich täglich mehrt, weil alle vereinzelt sind; die trostlose Verzweiflung, in der so viele Schiffbrüchige den Tod jetzt sich selbst bereiten - alle diese furchtbaren Krankheiten der Zeit können am besten gemildert werden, wenn zu inniger Abendmalsfeier in warmer Liebe geeint, eine wirkliche Gemeinde dem Verlassnen, dem Gebeugten eine

---

[102] Sulze, Kirchenbau, 1881, Sp. 254.
[103] Sulze, Kirchenbau, 1881, Sp. 254.
[104] Vgl. Sulze, Kirchenbau, 1881, Sp. 274.

Heimat bietet. Die sociale Bedeutung des Heiligen Abendmales ist eine unendlich große."[105]

Wie schon angedeutet, zeigt *Sulze* gegen Ende seines Aufsatzes über den Kirchenbau, dass er diesen als Teilelement seiner Gemeindetheologie entwirft: „Aber noch in anderer Beziehung wäre es mir sehr erwünscht, wenn man an die Idee des Betsales sich gewöhnte. Wie viele Riesengemeinden sind in unserem Lande noch in wirkliche Gemeinden aufzulösen. Wie viele Orte entbehren noch zu ihrem großen Nachteile der Kirchen. Fände man sich in den Gedanken, daß auch ein Betsal genügt, wenn nur die Glieder der Gemeinde mit ihrem Herrn und unter einander sich innig zusammenschließen, wie bald wäre der Not abgeholfen. Daß man noch immer auf gut katholisch meint, ohne kostbare Kirche mit einem mächtigen Turme gehe es nicht, das ist es, was uns schwerfällig macht."[106]

Der Überblick über *Sulzes* Kirchbaukonzept aus dem Jahr 1881 zeigt, dass *Veesenmeyer* kaum noch eigene Vorstellungen einbringen muss für sein „Wiesbadener Programm". Der einzige wesentliche Punkt, der in der frühen Schrift *Sulzes* noch fehlt, ist die Stellung der Orgel in der Front der Gemeinde, die erst im o.g. Aufsatz *Sulzes* 1889 und dann in seinem Buch gefordert wird.[107] *Veesenmeyer* hat endlich auch sie von *Sulze* übernommen.

Sowohl *Bickel* als auch *Veesenmeyer* lassen deutliche Sympathien erkennen für die Gemeindekonzeption *Sulzes*, allerdings geht es ihnen bei dem Neubau in Wiesbaden durchaus um einen Monumentalbau und nicht um einen schlichten Betsaal. Dass ein solcher Kirchenbau andere Forderungen erhebt

---

[105] Sulze, Kirchenbau, 1881, Sp. 256.
[106] Sulze, Kirchenbau, 1881, Sp. 275.
[107] Sulze, Gemeinde, 1891, 81.

als die Kopfgeburten *Sulzes*, das wird erst in der Diskussion mit dem Architekten, Johannes *Otzen*, deutlich.

V. Johannes Otzen

Johannes *Otzen*[108] gerät im 20. Jahrhundert rasch in Vergessenheit, weil der Historismus durch den Jugendstil und dann durch die Moderne abgelöst wird und wohl auch als Stil des Ancien Régime in Verruf gerät. Das Ende des Ersten Weltkrieges brachte einen gewaltigen Kuhn'schen Paradigmenwechsel, der nicht nur die Hochschulen betraf, sondern alle Dimensionen der Gesellschaft. Zu seiner Zeit hatte *Otzen* eine beispiellose Karriere als Architekt gemacht und höchste Auszeichnungen von London bis Sankt Petersburg bekommen.

Geboren wurde er 1839 in Sieseby an der Schlei im heutigen – gut lutherischen und damals noch dänisch beherrschten – Schleswig Holstein. Sein Vater war Organist und Dorfschullehrer. Ab 1855 macht *Otzen* eine Zimmermannslehre in Sieseby und Eckernförde. Nach kurzem Besuch der Baugewerkschule Nienburg/Weser wurde er am Polytechnikum in Hannover angenommen. Für Conrad Willhelm *Hase*[109] arbeitete er von 1862[110] bis 1866 als Bauführer. 1866 wird Schleswig preußisch und *Otzen* wird Baubeamter. Um seine Zulassung zum Privatarchitekten zu erreichen, beendet er seine Ausbildung als Bauführer und Regierungsbaumeister. Er beteiligt sich

---

[108] Vgl. bei dem Folgenden: Jörn Bahns: Johannes Otzen, 1839-1911, 1971,11-17.

[109] Conrad Wilhelm Hase (* 2. Oktober 1818 in Einbeck; † 28. März 1902 in Hannover) war ein deutscher Architekt und Hochschullehrer. Er gilt als einer der bedeutendsten Vertreter der Neugotik des 19. Jahrhunderts, bisweilen scherzhaft „Hasik". Vgl. Wikipedia, Conrad Wilhelm Hase, abgerufen am 5.1.2021.

[110] In einem handschriftlichen Curriculum Vitae nennt Otzen das Jahr 1863.

an einem Wettbewerb um den Bau einer Kirche im kürzlich noch dänischen Altona, bei dem er 1867 den ersten Preis bekommt. Er nimmt Urlaub, um den Bau auszuführen und verlässt 1869 den Staatsdienst, um nach Berlin zu gehen. Dort wird er Generalbevollmächtigter des Rittergutsbesitzers J. A. W. von *Carstenn*, der sich als Immobilien-Entwickler profiliert, ein Vermögen verdient und wieder verliert.[111] Im Rahmen der Erschließungen rings um Berlin entwirft *Otzen* zahlreiche Villen, Wohnbauten und ein Gesellschaftshaus. Als *Carstenn* sich aufgrund von großzügigen Spenden verspekuliert, macht sich *Otzen* 1874 selbständig und gründet die Moabiter Baugesellschaft, mit der er im kleinen Tiergarten Mietskasernen errichtet, die bis 1902 wirtschaftlich erfolgreich bleiben. Mit Beiträgen in der Fachpresse und Vorträgen im Berliner Architektenverein macht er auf sich aufmerksam. 1877 bekommt er für seinen Entwurf des Hamburger Rathauses die Goldmedaille, 1878 wird er Dozent der TH Berlin-Charlottenburg, ab 1881 Professor. Zugleich unterhält er ein privates Atelier am Kurfürstendamm. Bis 1902 wird *Otzen* 21 kirchliche Neubauten errichten und 14 Kirchen entwerfen. Eine der ersten in dieser Schaffensperiode ist die Bergkirche Wiesbaden, 1879. Bei Entwürfen von Kirchen sucht er am Rande des Eisenacher Regulativs neue Raumformen zu entwickeln. Damit möchte er die Forderung nach einer „Predigtkirche" erfüllen, die von Vermittlungstheologen und liberalen Theologen gefordert wird. Das „Wiesbadener Programm" und den Entwurf für die Ringkirche diskutiert er bereits auf dem Ersten Kirchenbaukongress in Berlin im Jahr 1894. Dabei treffen sich 148

---

[111] Johann Anton Wilhelm von Carstenn-Lichterfelde (1822 – 1896) war ein Kaufmann, Immobilienunternehmer und Stadtentwickler. Er entwickelte in den 1850er-Jahren die Villenkolonie Marienthal bei Hamburg sowie in den 1860er- und 70er-Jahren Lichterfelde, Wilmersdorf und Friedenau bei Berlin. Vgl. Wikipedia, Johann Anton Wilhelm von Carstenn, abgerufen am 5.1.2021.

Der kompetente Vater der Ringkirche,
Johannes Otzen, Wahlberliner, Architekt und
Hochschullehrer, vielleicht Freimaurer.

Architekten, 99 Theologen und 31 Laien.[112] Dies wird 1898 eine geringfügige Revision des Eisenacher Regulativs[113] bewirken, die aber dessen zunehmende Belanglosigkeit nicht aufhalten wird. Der Zweite Kongress, der 1896 in der Wiesbadener Ringkirche geplant war, findet erst 1906 in Dresden statt. Unbeschadet heftiger Angriffe, zum Teil aus orthodox-lutherischer Ecke, werden in den Jahren nach Errichtung der Ringkirche im deutschsprachigen Raum über 40 Kirchen nach dem Wiesbadener Programm gebaut.

Otzen übernimmt 1885 ein Meisteratelier an der Königlichen Akademie der Künste in Berlin, und seit 1888 führte er den Titel eines Geheimen Regierungsrates, den er anläßlich der Thronbesteigung des Freimaurers *Friedrich* III. erhält. Im Grunde erreicht *Otzen* fast jeden klangvollen Titel, den man zu seiner Zeit in seinem Fach bekommen kann. Damit sitzt er auch für Jahrzehnte in sehr vielen Jurys von Wettbewerben, in denen er eng mit vielen großen Architekten seiner Zeit vernetzt ist. „So verquicken sich in der Wirkung immer wieder Theorie und Praxis. Während seiner Hauptschaffenszeit ist er der ‚gefeiertste' Vertreter des historischen Idealismus, jener, der die größte Anerkennung als Kirchenbaumeister errang', wie selbst sein Gegner, Cornelius *Gurlitt*, allerdings mit leichter Ironie, einräumt.“[114]

Dass Karl *Bickel* zunächst nach dem Architekten des Berliner Doms, Julius Carl *Raschdorff*[115], fragt und dann auf *Otzen* zurückkommt, beweist, dass er für die neue protestantische Modellkirche nach *Sulze'scher* Manier in Wiesbaden den Besten haben will.

---

[112] Veesenmeyer wird von 500 Personen sprechen, die da zusammen gekommen seien...
[113] Vgl. Bahns, Otzen, Seite 44.
[114] Zitiert nach Jörn Bahns, Otzen etc., Seite 17.
[115] Unklar, ob wegen der Teilnahme in der ursprünglich geplanten Jury oder sogar als denkbarer Architekt der neuen Wiesbadener Kirche.

Otzen findet nach einigem Zögern durchaus Gefallen an einem Raumprogramm, wie es das „Wiesbadener Programm" darstellt, muss aber als Praktiker zahlreiche Kompromisse eingehen, zum Beispiel die Drehung von Innen- und Außenkirche um 180 Grad, um das attraktive Turmbild aus städtebaulichen Gründen der Stadt zuzuwenden.[116] Wie eine Ringkirche nach diesem Programm aussähe, wenn die Welt dem Architekten gehorsam zu Füßen läge, zeigt er in einem Idealsentwurf.[117] Dieser weist sehr große Ähnlichkeit mit der Ringkirche auf, besonders im Hinblick auf die Lage von Altar und Kanzel, während jedoch die Orgel wieder in den Westen gewandert zu sein scheint, wo der Besucher auch durch den Westturm eintritt.

*Johannes Otzens Idealsentwurf
einer Kirche nach dem
Wiesbadener Programm, 1892.*

[116] Vergleiche dazu auch die freimaurerische Spekulation oben, Seite 41f.
[117] Vgl. Jörn Bahns, Otzen, Seite 41, Abbildungen 209-212.

VI. Das „Wiesbadener Programm" und seine Anpassung

Im Zuge der oben geschilderten theologisch-architekturgeschichtlichen Gemengelage möchte der Wiesbadener Kirchenvorstand den liturgisch-kultur-protestantischen Neuerungen entsprechen und eine in diesem Sinne „moderne" Kirche bauen. Für Emil *Veesenmeyer* bedeutet dieser Profilierungswunsch die Verwirklichung der konfessionalistischen Vorstellungen *Sulzes*: Der Innenraum einer evangelischen Kirche sei dann richtig, wenn er für den katholischen Kultus „unbrauchbar" sei.[118] „Eine richtige protestantische Kirche muss für den katholischen Cultus geradezu unbrauchbar sein, wie jede katholische Kirche für den protestantischen Kultus zwar zur Not brauchbar, in Wahrheit untauglich ist."[119]

Veesenmeyer ist 1857 in Stuttgart geboren, hatte im elsässisch-preußischen Straßburg[120] studiert und bereits sein Vikariat nicht in seiner – damals lutherisch-orthodox erstarrten – württembergischen Heimatkirche absolviert, sondern im liberaleren Baden. In Mannheim wird er 1880 Freimaurer. Seit 1886 ist er Pfarrer an der Marktkirche im nassauischen Wiesbaden, unter dem „Ersten Pfarrer" Karl *Bickel*. Obwohl *Bickel* sich über den Ehrgeiz

---

[118] Veesenmeyer am 15.11.1890, Quellenband 1, Seite 73,.

[119] Liturgisch muss hier die vorkonzilare Messordnung zugrunde gelegt werden, in dem der lateinische Gesang nicht verstanden werden musste (konnte man ab 1884 im „Schott" mitlesen) und die Predigt eine sehr geringe Rolle spielte. Beachte die wechselnde Orthographie.

[120] Preußisch in Straßburg war vornehmlich die Kaiser-Wilhelm-Universität, die Berlin als Musterhochschule im 1871 annektierten Elsaß betrieb.

Veesenmeyers amüsiert, gibt er als Chef des Kirchenvorstands ihm doch die Chance, die mit ihm geteilte Vision von einem dezidiert evangelischen Kirchenbau in die Praxis umzusetzen. *Veesenmeyer* und *Bickel* beziehen die gleiche „Protestantische Kirchenzeitung" und erfahren darum auch beide die neuesten Gedanken des liberalen Reformers Emil *Sulze*. Mit 34 Jahren drängt *Veesenmeyer* darauf, dass die Jüngeren zu Entscheidungsträgern werden.

Hinter den Botschaften alltäglicher Kommunikation werden zuweilen Konflikte deutlich, die zwischen den Zeilen zu lesen sind. Der alte, erfahrene Kirchenmann *Bickel* war nicht angetan von den neunmalklugen und zum Teil eitlen Beiträgen seines Kollegen Emil *Veesenmeyer*, die dieser gern mit falscher Bescheidenheit garniert.[121] Er hat allerdings in Kenntnis von dessen mangelnder Authentizität dafür gesorgt, dass sein Konzept zum Zuge kam. Unklar ist, ob *Bickel* von *Veesenmeyer*, *Lang* und *Olfenius* weiß, dass sie Freimaurer sind.

Der mit *Veesenmeyer* fast gleich alte Freimaurer und umtriebige Architekt, Friedrich *Lang*, gilt *Bickel* offenbar als Schaumschläger. Am 2. Dezember 1891 deutet er dessen Unzuverlässigkeit mit einem Wortspiel an: „anderenfalls möchte ich Sie bitten, alsbald Herrn *Lang* – nomen est omen – um Beschleunigung der Sache zu ersuchen." – Auf einer Postkarte schreibt *Bickel* am 19. Dezember 1891 an *Otzen*, dass es an *Lang* liege, dass dieser bestimmte Sachverhalte nicht ordnungsgemäß gelesen habe. Darum habe er ihm, *Bickel*, diese Angelegenheiten „unverständig" weiter berichtet. Die entstandene Konfliktlage hat Folgen. Diese teilen *Veesenmeyer* und *Bickel* am gleichen 19. Dezember an *Otzen* mit: *Bickel* gibt den Vorsitz der Baukommission ab. *Veesenmeyer* übernimmt diesen nun offiziell und möchte der erste Ansprech-

---

[121] Vgl. Veesenmeyer an Otzen am 19.4.1891, Quellenband 1 Seite 129.

partner für *Otzen* sein. Dieser muss diese Entscheidung hinnehmen. Die Aktenlage beweist indessen, dass er viele Anfragen weiterhin an *Bickel* senden wird. *Otzen* wird sich seinen Teil gedacht haben, als der neue Mann zuerst großzügig seine Dienste anbietet, um gleich zurückzurudern, dass er ja alle Hände voll zu tun habe. *Veesenmeyer* setzt im gleichen Schreiben *Otzen* davon in Kenntnis, dass eine engere Baukommission berufen wurde, die aus ihm, Stadtrat *Weil*[122] und dem Amtsrichter *de Niem*[123] bestünde. Für spezielle Fragen werde Friedrich *Lang* als Architekt hinzugezogen. Unter den Hauptverantwortlichen für den Bau der Ringkirche sind nun zwei Freimaurer; *Veesenmeyer*, und *Lang*. Ob *Otzen* auch dazu gehörte?

In der diffusen Konfliktlage kommt ein Generationskonflikt zum Ausdruck. Der 54jährige *Bickel* hat ein gutes Verhältnis zu dem 53jährigen *Otzen*. Welche Vorfälle genau es waren, die *Bickel* veranlassten, offiziell den Bettel hinzuschmeißen, wird in den Schreiben nicht deutlich. Es könnten die Verhandlungen mit der Stadt sein, die zu dieser Zeit geführt werden. Wer die Mitteilungen dieser Monate liest, wird Mitgefühl mit Johannes *Otzen* haben, der sich ja nicht aussuchen konnte, wer da bauherrnseitig mit ihm korrespondiert. *Veesenmayer* ist 35 Jahre alt, ehrgeizig, rechthaberisch und großspurig. *De Niems* juristisches Gutachten für die Submission ist kaum lesbar, zeigt eine unausgeglichene, etwas verhuschte Schrift. Und selbst dessen Auftraggeber, *Veesenmeyer,* hielt den Inhalt des Gutachtens für unerheblich...

Als das Projekt einer Monumentalkirche in Wiesbaden bekannt wird, melden sich einige profilierte Architekten, die gern den Auftrag bekommen

---

[122] Heinrich Johann Georg Weil (1839-1907) war Agrarwissenschaftler. Von 1891-1906 gehörte er dem Magistrat an.
[123] Georg de Niem (*1852- ?) war Amtsrichter, später im Kirchenvorstand der „Neukirchengemeinde", wie die Ringkirchengemeinde anfangs hieß.

hätten: der Mainzer Dombaumeister *Ludwig Becker*, (1855-1940), der Münchener Architekt *Georg Hauberrisser*, (1841-1922) der eben das Wiesbadener Rathaus gebaut hatte. Auch das Duo, *Bummerstedt* und *Berger*,[124] das gerade ein konzeptionell verwandtes Kirchenbauwerk in Wuppertal-Barmen („Gemarker Kirche")[125] errichtet hat, bewirbt sich um den Bau. Karl *Bickel* teilt im Auftrag des Kirchenvorstands *Otzen* diese prominenten Interessenten mit, aber bringt doch zugleich zum Ausdruck, dass er *ihm* am ehesten zutraut, sich auf das neue Konzept einzulassen - und einen monumentalen Beispielbau zu errichten. Dieses Bauprogramm wird unter dem Namen „Wiesbadener Programm" später Berühmtheit erlangen. Zu den wesentlichen Grundpositionen gehört:[126]

1. Die evangelische Kirche ist kein Gotteshaus im katholischen Sinn, sondern das Versammlungshaus der feiernden Gemeinde. Die katholische Kirche ist ein Gotteshaus. Sie birgt im Altarsacrament den leibhaftig gegenwärtigen Herren, daher der Altar der Mittelpunkt des Ganzen und die gesammte Kirche nur ein gewaltiger Hochaltar ist über dem Hochaltar.

   Nach evangelisch biblischer Auffaßung ist die gesamte Welt, die natürliche und die geistige, der Tempel Gottes; die Kirche ist daher wie einst in Israel die Synagoge nur das Versammlungshaus der Gemeinde, die sich zur Anbetung des allgegenwärtigen Gottes und ihres geistigen Hauptes, Christus vereinigt.

2. Die evangelische Gemeinde erbaut sich auf dem ewigen Gotteswort. Der Altar ist die geistige Opferstätte des Gebets und der

---

[124] Schreiben des Büros am 21.11.1890, Quellenband 1, Seite 81f. Christian Bummerstedt (1857-1891) war Architekt in Bremen, Berger in Wiesbaden.

[125] In diesem – im II. Weltkrieg zerstörten – Bau wurde am 31. Mai 1934 die Barmer Theologische Erklärung der Bekenntnissynode verabschiedet.

[126] Veesenmeyer, Grundsätze, 8.11.90. Quellenband 1, Seite 59 ff.

Sakramentsaustheilung und soll seinen würdigen Platz inmitten der Gemeinde behalten; die Kanzel als die Verkündigungsstätte des Gottesdienstes soll aus ihrer nebensächlichen Stellung herausgerückt werden und mindestens eine centrale Stellung in der Kirche finden können. Es ist zu verlangen, daß der Pfarrer am Altar und auf der Kanzel von allen Plätzen der Kirche aus gesehen werden kann.

3. Die evangelische Gemeinde beruht auf dem Grundsatz des allgemeinen Priestertums. Jede Scheidung zwischen Schiff und Chor ist unprotestantisch. Die Kirche muß ferner in ihrer inneren Anordnung den Character der Einheit der Gemeinde zur Anschauung bringen. Eine Scheidung im Schiffe, eine Unterbrechung derselben durch Säulen, auch für sich unakustisch, eine Unterbrechung durch Kanzelumgang und dergleichen ist deshalb zu vermeiden.

Nachdem *Otzen* die Grundpositionen samt „Practischer Consequenzen" empfangen hat, muss er zunächst erkunden, was dessen Autor damit gemeint hat. Am 11. November fragt er bei *Bickel* nach, was einige Begriffe *Veesenmeyers* zu bedeuten hätten. Dabei regelt er wie beschrieben die Frage nach den Emporen. *Veesenmeyer* lehnt sie als Epigone *Sulzes* ab, der allerdings nicht an eine Monumentalkirche dachte, sondern an einen schlichten Betsaal. *Otzen* muss *Veesenmeyer* aufklären, dass man bei der gewünschten Zahl von Sitzplätzen den Bau nicht allein parterre planen könne, um einen akustisch erträglichen Radius einzuhalten. Keine Emporen bedeuteten deutlich höhere Kosten und Abschied von der Predigtkirche, in der allen Plätzen ein gutes Hörverstehen garantiert wird. *Otzen* gestaltet flotte Entwurfsskizzen zu unterschiedlichen Grundriss-Lösungen, allerdings im Unterschied zu *Veesenmeyer* mit der Erfahrung, wieviel Platz wieviele Sitzplätze in Anspruch nehmen.[127] Seine Einstellung zu Emporen beweist die zu dieser

---

[127] Vgl. Otzen an Bickel, 11.11. 1890, Quellenband 1, Seite 67ff.

Zeit recht geringe Kenntnis *Veesenmeyers* vom evangelischen Kirchenbau, denn diese sind die „entscheidende Bauform für die Umgestaltung katholischer Kirchen zu protestantischen Kultzwecken".[128] In dem Zeitungsbeitrag von 1895, in dem er das Werk von K.E.O. *Fritsch* über den Kirchenbau paraphrasiert, wird der gleiche *Veensenmeyer* sie denn auch rühmen, als eine der „hervorstechendsten Kennzeichen einer evangelischen Kirche."[129]

Unabhängig von den Skizzen macht *Otzen* klar: „Emporen sind unvermeidlich."[130] Auch geht geometrisch nicht, dass alle Besucher geradeaus schauen auf den Prediger: „ein seitlich Blicken eines Theils der Gemeinde" sei auch unbedenklich im Einheitsraum. Unbeschadet solcher Klärungen schreibt *Otzen* an *Bickel*, dass ihn die Sache außerordentlich interessiere und er mit dem größten Vergnügen an die Ausgestaltung des Grundgedankens gehe. Dabei weist er darauf hin, dass diese Idee nicht neu sei, sondern dass es im 18. Jahrhundert Hunderte solcher Kirchen gegeben habe. Die ihm – wiederum in der Folge des Dresdner Pfarrers Emil *Sulze* – als Beispiel vorgehaltene Dresdner Frauenkirche (aus dem 18. Jahrhundert!) sei indessen von dem gewünschten Ideal weit entfernt: Genauere Betrachtung ergebe, daß kaum eine Kirche ähnlicher Art bei größtem Aufwand, ein unbequemeres und geringeres Resultat im Sinne der Wiesbadener Wünsche aufweise."[131] (Für die vier Emporen-Stockwerke gab es noch keinen Aufzug!)

Otzen vermutet höflich, dass die Idealvorstellung von *Veesenmeyer* nicht geometrisch verstanden werden dürfe, - die Selbstwidersprüche würden sonst dessen Unbedarftheit beweisen, - sondern symbolisch, wobei er bei der Erfüllung der Veesenmeyerschen Wünsche auch auf das relativ schmale Baubudget verweist. *Bickel* hat die Fragen *Otzens* offenbar an *Veesenemeyer* zur Beantwortung weitergegeben, der diesem etwa am 15. November in etwas

---

[128] Zitat von Cornelius Gurlitt, zitiert nach Bahns, Otzen, Seite 33.
[129] Veesenmeyer, Protestantischer Kirchenbau, 1895, Teil I.
[130] Quellenband 1, Seite 64f.
[131] Handskizze der Frauenkirche Dresden, Quellenband 1, Seite 71.

anmaßendem Ton antwortet: Er habe ein neues Prinzip für den evangelischen Kirchenbau aufgestellt, während „unseren Architekten" keine nennenswerte Anregung gegeben worden sei und ihnen keine neuen Aufgaben gestellt worden seien. Die Vertreter der Kirche hätten sich nur über Stilfragen ausgelassen und Forderungen im Sinne des protestantischen Geistes verschwiegen.[132]

Veesenmeyer meint, die deutschen Architekten hätten weiterhin „mittelalterliche Cultusstätten" gebaut und seien „folgerichtig zu Plänen gekommen, ... welche dem Geist eines über sich klaren Protestantismus durchaus fremdartig gegenüberstehen."[133] Er sagt es nicht klar, aber in der völkisch angeschwollenen Zeit, lehnen viele die gotische Architektur ab, weil sie aus Frankreich nach Deutschland gekommen und mithin „fremd" sei. Die Barockfreunde um Cornelius *Gurlitt* schätzen am Barock, dass es hier originär deutsche Lösungen gegeben habe. Zahllose Bemühungen von Architekten des 19. Jahrhunderts um den Kirchenbau – auch und gerade im Œvre *Otzens* – wird *Veesenmeyer* erst kennenlernen, wenn er das Werk[134] von K.E.O. *Fritsch* studieren – und paraphrasieren wird. Hemmschuh für die Entwicklung moderner Formen- und Grundrisse waren die kirchlichen Bauherren. Wenn die evangelischen Theologen dem „protestantischen Geist" mehr Raum verschafft hätten, wären viele Architekten gern bereit gewesen, darum eine steinerne Hülle zu bauen.

Am 20. Februar 1891 kann *Otzen* an *Bickel* schreiben, dass der Versand der Entwurfspläne unmittelbar bevorstüde. Er solle indessen keinen Idealentwurf erwarten, sondern einen Kompromiss:[135] Er möchte „die relativ beste Lösung mit den relativ geringsten Mitteln" verwirklichen. Angesichts der zwei Millionen Mark, die das königliche Theater kosten durfte, wünsche er sich, dass der Kirchenvorstand „zur Nobilitierung des ganzen Viertels" noch

---

[132] Vgl. Veesenmeyer an Otzen, 15.11.1890, Quellenband 1, Seite 72.
[133] Veesenmeyer am 15.11.1890, Quellenband 1, Seite 72.
[134] Karl Emil Otto Fritsch: Der Kirchenbau des Protestantismus etc.
[135] Vgl. Otzen an Bickel am 20.2.1891, Quellenband 1, Seite 98 f.

etwas mehr Geld als die ausgesetzten 300.000 Mark in die Hand nehme. Den Entwurf hat er mit Rücksicht auf die Ausführung in Sandstein in einfacher „spätromanischer Architektur" geplant, damit sie umso monumentaler wirke. Die notwendig breiten und niedrigen Massen würden so doch zierlich wirken. Der Entwurf sei für 1.100 Plätze gedacht.

Otzen hatte wegen eines Fotos angefragt, das den Bauplatz hätte aus südöstlicher Richtung abbilden sollen; *Veesenmeyer* schickte ihm zwei ältere Stadtansichten, die *Otzen* mit den Plänen als unbrauchbar wieder zurücksendet.

Ein Beitrag, der im Rheinischen Merkur vermutlich Ende Februar 1891 erschien, berichtet von einer Kirchenvorstandssitzung, die *Otzens* Projekt als einen „wohlerwogenen, durchdachten, genial konzipierten, künstlerisch durchgeführten Plan" beurteilt, der dem gewünschten Bauprogramm entspräche und dies vollständig erfüllt hätte. Damit würde einer der schönsten Bauplätze der Stadt am Abschluß der Rheinstraße bebaut.[136] Der Beitrag zeigt, dass zu dieser Zeit noch ein Versammlungsraum im Parterre des Turmes geplant war, den die Baukommission zerstörte, als sie dort ein großes Portal wünschte. Otzen hätte die Osttüren in die Treppentürme verlegt. Durch den Einbau der Glastüren während der Fassadenrestaurierung 2005 wurde die ursprüngliche Bedeutung der bis dahin brachliegenden „Eingangshalle" verwirklicht. Das 1894 statt eines Raumabschlusses angebrachte Ziergitter

Späte Verwirklichung: Ein Gemeindesaal im Osten. Einbau der Glastüren 2005.

---

[136] Rheinischer Merkur,mittelrheinische Zeitung, Ende Februar 1891, Quellenband 1 Seite 109ff.

hat einen Platz im Turm gefunden. In diesem frühen Zeitungsbeitrag wird bereits der Wechsel von Osten und Westen bemängelt, als „einziges Bedenken": Vornehmlich, dass das Hauptportal im Westen ist, „während wir gewohnt sind, die Portale, dem herkömmlichen Kirchenbild entsprechend, auf der Turmseite zu suchen..."[137]- Auf der be-zogenen Sitzung wird die Bausumme – im Sinne von *Otzen* auf 400.000 Mark erhöht, um den Bau mit Sandsteinverblendung aufzuführen. Die „Größere Commission betreffs des Projects von Prof. *Otzen*" etc. beauftragt schließlich den Architekten am 13. März, ein Turmportal im Osten zu schaffen. Für die zweite Sitzung am 18. März 1891 schlägt *Otzen* drei Vari-anten vor, von denen die dem heutigen Stand entsprechende angenommen wird.[138] Otzen wehrt sich mit Temperament gegen eine Umkehrung der Ost-West-Richtung. Der Wiesbadener Architektenverein, der mit dem Meister den Entwurf am 17. März diskutiert, springt ihm bei. Am 14. Mai 1891 stellt Bickel den Antrag auf Genehmigung beim Königlichen Consistorium.[139]

Pfarrer Emil Veesenmeyer,
kompilierte das Wiesbadener
Programm für den Bau der Ringkirche
- als dritter Vater dieses Kirchbaus.

---

[137] Veesenmeyer an Otzen, 4.3.1891, Quellenband 1, Seite 113f.
[138] Protokoll, 18.3.1891, Quellenband 1, Seite 118ff.
[139] Bickel an Kgl. Consistorium, 14.5.1891, Quellenband 1, Seite 121ff.

VII. Der erste Schritt in die Prominenz

Otzen hatte schon seit geraumer Zeit ein gutes Verhältnis zum Gründer und Herausgeber der „Deutschen Bauzeitung"[140], K.E.O. *Fritsch*, der ihm dies am 8. April 1891[141] bezeugt. Er habe ihn, *Otzen*, in seinem Atelier verpasst, um mit ihm das neue Kirchbauprojekt und seinen Entwurf zu besprechen. Er versichert ihn, alles zu „thun, um denselben der Fachwelt in würdiger Weise vorzuführen". Das geschieht in der Deutschen Bauzeitung Nummer 43 am 30. Mai 1891. Er selbst, *Fritsch*, portraitiert das Projekt der Wiesbadener Gemeinde unter der Überschrift: „Dritte Evangelische Kirche in Wiesbaden." Damit bekommt das „Wiesbadener Programm" seine erste Prominenz im deutschsprachigen Raum. Vor allem die Aussicht, dass der protestantische Kirchenbau einen eigenen Charakter bekommen könnte, beflügelt die architektonisch interessierten Zeitgenossen:

„Nach so vielen in Wort und Bild gemachten Vorschlägen soll nunmehr eine That folgen, der eine nachhaltige Wirkung kaum fehlen dürfte. Vielleicht ist sogar die Annahme nicht zu kühn, dass diese neue Wiesbadener Kirche in der Geschichte des protestantischen Kirchenbaues dereinst ebenso als Ausgangspunkt für eine Rückkehr zu den alten, gesunden Bahnen wird angesehen werden, wie wir heute die Hamburger Nicolai-Kirche *Scott's* als Ausgangspunkt für die noch heute herrschenden, sich in blinder Nachahmung

---

[140] Die Deutsche Bauzeitung erscheint seit 1867; Fritsch war einer der Gründer der ältesten Architektur-Fachzeitschrift (db-deutsche bauzeitung).
[141] Karl Erich Otto Fritsch an Otzen, 8.4.1891, Quellenband 1, Seite 127.

des mittelalterlichen katholischen Kirchenideals gefallenden Anschauungen des letzten halben Jahrhunderts ansehen."[142]

Zu den genannten Vorschlägen gehörten die in der Protestantischen Kirchenzeitung, in der die Beiträge von Emil *Sulze* gestanden hatten. *Veesenmeyer* hatte – wie berichtet – 1880 über sein Osnabrücker Schicksal für diese Zeitung geschrieben. Seine Veröffentlichungen über den Kirchenbau vertraute er allerdings dem weitgehend bedeutungslosen Dillenburger Evangelischen Gemeindeblatt an. In der Protestantischen Kirchenzeitung hätte man seine mangelnde Originalität schnell erkannt.

Die Wirkung von *Fritschs* Beitrag in der Deutschen Bauzeitung charakterisierte der damalige Denkmalpfleger aus Zürich, Urs *Baur* bei einem Besuch in der Ringkirche. Er berichtete, dass in der Schweiz das Wiesbadener Programm als „Fünftes Evangelium" gelte. Beleg dafür seien z.B. die Kirchbauten des Schweizerischen Architekten Paul *Reber* (1835-1908), der bereits vorher eine Alternative zum katholischen Kirchbaumodell für die Architektur von reformierten Kirchen gefordert habe. Nach der Lektüre des Beitrags in der Deutschen Bauzeitung habe dieser mit Projekten in Wiedikon und Wetzikon im Sinne des Wiesbadener Programms begonnen. Die Kirche Bühl (Wiedikon) bei Zürich wird nach diesem Programm errichtet und bereits am 29. November 1896 feierlich eingeweiht.[143] Den Grund nennt Matthias *Walter*: „Emil *Sulzes* seit 1880 verbreitete Theorien zum christlichen Gemeindeprinzip sind als theologischer Beitrag zur Entwicklung des evangelisch-reformierten Kirchenbautyps während der Reformepoche von unumstrittener Bedeutung. Seine Bestrebungen (Abkehr von gross dimensionierten Kirchenbauten, Gottesdienstraum als ‚heimeliger' Versammlungsraum, familiäre Gemeindefeier, Gruppenbau) stimmen

---

[142] Deutsche Bauzeitung, 30.5.1891, 118, Quellenband 1, Seite 134ff,.

[143] Auch sie erlebte keine Grundsteinlegung, wie ihr Wiesbadener Vorbild. Urs Baur: Neugotik im alten Glanz – Zur Restaurierung der Kirche Bühl in den Jahren 1983-1984. In: Kantonal-Zürcher Denkmalpflege, 10. Bericht, 2. Teil. Stadt Zürich, Zürich 1984, S. 96–100.

Das Original: Johannes Otzens Sammlung der
„Correspondenzen".

mit den theologisch-liberalen und den reformkünstlerischen Bewegungen weitgehend überein. Auch in der Schweiz dürften sie insbesondere die Etablierung des Wiesbadener Programms sowie das tiefere Verständnis des

Kirchenbaus als Teil einer christlich-sozialen Institution begünstigt haben."[144]

Am 2. Dezember 1891 schreibt Karl *Bickel* an *Otzen*, dass sich weitere Interessenten für das neue Kirchbaumodell gemeldet hätten: „Der Kirchenvorstand von Pforzheim hat sich an uns wegen Einsichtnahme Ihrer Pläne für unsere 3. Kirche gemeldet, wir haben aber beschlossen, ihn zunächst an Sie zu weisen. Auch in Osnabrück geht man jetzt daran, eine Kirche nach unserem Programm zu bauen. So kommt allerdings der Stein ins Rollen und ich hoffe, daß unsere 3. Kirche einen Markstein in der Geschichte des protestantischen Kirchenbaustyles bezeichnen wird."[145]

Von der Ringkirche wird am 20. Dezember 1891 ein hölzernes Modell bei dem Bildhauer „E. *Wendt* jun., Holzwaarenfabrik" im sächsischen Niesky bestellt, das später bis zu einer Ausstellung im fernen Amerika reisen wird:[146] Die deutsche Architektenschaft wählt es im Juni 1892 für eine Ausstellung in Chicago aus.[147]

Querschnitt durch die Ringkirche von Norden. Plan von Johannes Otzen.

---

[144] Matthias Walter, Inszenierung, Seite 57.
[145] Vgl. Bickel an Otzen, 2.12.1891, Quellenband 1, Seite 164f,. Dort auch die Erklärung, welche Kirchen hier im Einzelnen gemeint sind.
[146] Leider ist das Modell verschollen. Quellenband 1, Seite 167f.
[147] Vgl. Otzen an Bickel, 15.6.1892, Quellenband 1, Seite 249.

VIII. Die Baugenehmigung

Am 12. Juni 1891 erteilt der Minister der geistlichen Angelegenheiten die „Staats- und Kirchenaufsichtliche Genehmigung zur Errichtung einer dritten evangelischen Kirche in Wiesbaden."[148] Gleichen Datums ist die Information des Konsistorialpräsidenten von Wiesbaden, Otto de la Croix, an Pfarrer Bickel über diese ministerielle Genehmigung.[149]

Die Abteilung für Kirchen- und Schulsachen der königlichen Regierung in Preußen teilt am 15. Juni 1891 mit, dass die Genehmigung für die Errichtung einer dritten Evangelischen Kirche erteilt sei. Das wird bestätigt durch den Minister der geistlichen Unterrichts- und Medizinalangelegenheiten, Karl Eduard Robert *Graf von Zedlitz* und Trützschler (1837 - 1914). Dieser sehr kirchenfreundliche (im positiven, obrigkeitlichen Sinne) aber politisch ungeschickte Politiker war ab dem Jahr 1891 nur kurz preußischer Kultusminister. Mit einem neuen Volksschulgesetz wollte er Religion als höchstes Bildungsziel und die Kirche als wichtigste Bildungsinstitution bestimmen. In Preußen galt es – von höchster Stelle aus – als sicher, dass das Vordringen revolutionärer und sozialistischer Abweichungen durch den Ausbau einer mächtigen kirchlichen Infrastruktur zu verhindern sei. Aus dem liberalen bis gemäßigt konservativen, meist protestantischen Bürgertum folgte im Zeitalter des vordringenden Darwinismus ein Protest, der die Ablehnung dieser Pläne durch den Finanzminister Johannes *von Miquel* und dann auch durch *Wilhelm* II. zur Folge hatte. *Zedlitz* trat zurück. 1898 wurde er preußischer Oberpräsident von Hessen-Nassau, bevor er 1903 nach Schlesien berufen wurde.[150]

---

[148] Vgl. Errichtungsgenehmigung vom 9.6.1891, Quellenband 1, Seite 144f,.
[149] Vgl. Quellenband 1, Seite 141f.
[150] Vgl. Quellenband 1, Seite 144f.

Das Westwerk der späteren Ringkirche.
Plan von Johannes Otzen.

IX. Die Reformationskirche,
das Geld und die Behörden

Die Korrespondenzen zeigen den Verlauf der Diskussion um das Bauprojekt: Viele der Grundideen *Veesenmeyers* sind noch nicht klar, oder sind in einer unbeholfenen Terminologie ausgedrückt. Dennoch bekommt der Kirchenvorstand in Wiesbdaen von *Otzen* ein Kompliment: „Man würde in Norddeutschland keine, in Süddeutschland wohl nicht allzu viel Gemeinden finden, welche bereit sind, die Bausatzungen der Stimmung zu ziehen, welche sich herausgebildet und welche in dem Exposé Ihres Herrn Collegen einen wenn auch wohl noch nicht in allen Dingen unantastbaren Ausdruck gefunden hat.“[151] – Als die „größere Gemeindevertretung“ am 11. März 1891, die Sandsteinverblendung beschlossen hatte, hatte sie zugleich beschlossen, dass die ursprünglich geplanten beiden Turmportale im Osten der Kirche und der dazwischenliegende Konfirmandenraum durch ein großes Portal in eine offene Vorhalle ersetzt werden solle. Ebenfalls, dass der Vierungsturm stärker zu betonen sei.

Bevor Karl *Bickel* im Sommer 1891 für vier Wochen in den Urlaub verschwindet, warnt er *Otzen* wie oben bemerkt vor dem Architekten *Lang*, Dieser würde alles verschleppen. „Die Sache liegt jetzt also bei Herrn *Lang* und damit dieser – nomen est omen – sie nicht auf die lange Bank schiebe, möchte ich Sie freundlichst bitten, evtl. ihn um die beschleunigte Erledigung der noch nötigen Formalitäten zu monieren, damit Sie die weiteren Zeichnungen etc. alsbald liefern und wir mit dem Bauen beginnen können.“[152]

---

[151] Otzen an Bickel am 11. 11.1890, Quellenband 1, Seite 64ff.
[152] Vgl. Bickel an Otzen, 18.6.1891, Quellenband 1, Seite 147.

Blick nach Osten. Plan von Johannes Otzen

Am 20. Juni 1891 fragt *Otzen* in einer Nachschrift, ob er die Kirche „Reformationskirche" nennen dürfe. Der Name gefalle ihm zu gut. *Bickel* widerspricht nicht! *Veesenmeyer* erklärt zwar, nicht begeistert zu sein, aber nichts Besseres zu wissen... *Veesenmeyer* lässt den Artikel aus der Deutschen Bauzeitung, der auch im Wiesbadener Tagblatt erschien, als Sonderdruck herstellen. Ob dies zum Ruhm des Wiesbadener Programms beigetragen hat, wissen wir nicht. Es hat jedenfalls zu *Bickels* Amusement gegenüber dem Ehrgeiz des jungen Kollegen ihren Beitrag geleistet. [153]

Obwohl Berlin auf eine technische Überprüfung verzichtet, müssen die Pläne und Details für die Prüfung durch die Wiesbadener Baupolizei kopiert werden, was durch eine Kopieranstalt, Stumper und Companie in Hamburg geschieht. Zugleich beginnt die Submission der notwendigen Gewerke und die Suche nach Baustoffen, sowohl was den Backstein, als auch was die Sandsteinverblendung und die Basaltlava anbetrifft.

Auch die Erschließung des Grundstücks beginnt. Architekt *Lang* bittet am 14. November 1891 *Otzen*, für die Entwässerung und „Neucanalisation" Pläne zu schicken.[154] Am 26. November bekommt er schon einmal die Mitteilung, dass die Kanalsohle an der Kreuzung Rhein- und Ringstraße 3 bis 3,20 m unter der Straßenoberfläche liegen werde. Am 5. Januar 1892 gibt *Veesenmeyer* den Auftrag des Kirchenvorstands an *Otzen* weiter, er möge mit der Submission fortfahren und einen Bauführer vorschlagen.[155] Das führt im Januar und Februar bereits zu Verträgen mit der Frankfurter Firma Philipp *Holzmann*, was sich nicht als sehr glückliche Partnerschaft erweisen wird.[156] Am 6. Januar erfährt *Otzen* von *Bickel*, dass der Kirchenvorstand – auf der

---

[153] Vgl. Bickel an Otzen, 29.6.1891, Quellenband 1, Seite 151.
[154] Vgl. Lang an Otzen, 14.11.1891, Quellenband 1, Seite 161.
[155] Vgl. Veesenmeyer an Otzen, 5.1.1892, Quellenband 1, Seite 171.
[156] Vgl. Submissionsvertrag anerkannt von Fa. Philipp Holzmann & Cie. - Otzen arbeitete auch bei der Kirchenbaustelle in Ludwigshafen mit P.H. zusammen. Quellenband 1, Seite 175ff.

gleichen Sitzung wie der, über die *Veesenmeyer* berichtet hatte - das Projekt definitiv genehmigt habe.

Sonderdruck, den Emil Veesenmeyer von der
Deutschen Bauzeitung
hat anfertigen lassen (verkleinert).

X. Der Fall Lieblein

Wichtig für den Berliner Architekten Johannes *Otzen* ist ein tüchtiger Bauleiter in Wiesbaden. Die Stelle wird Ende 1891 ausgeschrieben und Anfang 1892 hat es nach Auskunft von Friedrich *Lang* eine Reihe von Bewerbungen gegeben, wohl hauptsächlich von außerhalb. In den Akten finden sich nur die Unterlagen von Jacob *Lieblein*, der sich am 21. Januar bewirbt und am 19. Februar 1892 mit der Aufgabe betraut wird.[157] Er tritt sie am Montag, den 22. Februar an. Geboren ist der Frankfurter Architekt, der sich zwischenzeitlich als Zeichenlehrer über Wasser hält, am 28. Oktober 1841 in Schweinfurt am Main. Über sein Sterbedatum gibt es unterschiedliche Angaben, nach dem Historischen Architektenregister ist er 1894 gestorben in Frankfurt am Main.[158] Im Schweinfurter Stadtarchiv lautet der Eintrag 1903. Im zweiten Quellenband findet sich die Bemerkung von dessen Techniker Georg *Biersack*, dass *Lieblein* erkrankt und sich im „Irrenhaus" befinde.[159] Obwohl in der Regel junge, ehrgeizige Architekten die Bauleitung für die Etablierten ihres Faches übernehmen, wird hier ein Architekt berufen, der schon viele Jahre im Geschäft ist und sich auch als Autor in der Deutschen Bauzeitung betätigt hat. Er benennt einige namhafte Kollegen, um sich ein Zeugnis ausstellen zu lassen, aber sowohl K.E.O. *Fritsch*[160] von der Deutschen Bauzeitung als auch Paul *Wallot*,[161] der Frankfurter Schöpfer des Berliner Reichstages, lassen seinen Ruhm nicht allzu hell glänzen. Aufgrund seiner Referenzen ist er sicherlich nicht eingestellt worden. Eher

---

[157] Vgl. Quellenband 1, Bewerbung S. 191, Vertrag, Seite 195f.

[158] http://www.kmkbuecholdt.de/historisches/personen/architekten_li.htm, abgerufen am 25.2.2020.

[159] Vgl. Biersack an Lang, 10. 8. 1894, Quellenband 2, 44f.

[160] Fritsch an Otzen, 13.2.1892, Quellenband 1, 194.

[161] Wallot an Otzen, 29.1.1892, Quellenband 1, 191f.

Turm und Treppen.
Plan von Johannes Otzen

schon für seine Selbstaussage, dass er Erfahrungen mit Sandstein habe. Ein
Gebiet, das dem norddeutschen Backsteinspezialisten Johannes *Otzen*

sicherlich nicht allzu nahegestanden hat. *Lieblein* wird die Ringkirche nicht vollenden, aber sein Leben hätte nach dem o.g. Eintrag im Jahr der Einweihung der Ringkirche geendet. Paul *Wallots* Frage, warum er sich das in seinem gesetzten Alter noch geben muss, können wir auch nicht beantworten. Im Nachhinein können wir feststellen, dass es weder ihm noch der Baustelle zuträglich gewesen ist.

Egal, wer sich über ihn äußert, wenn von *Lieblein* die Rede ist, hagelt es Kritik. Hatte schon *Wallot* am 29.Januar 1892 an *Otzen* geschrieben, *Lieblein* sei ein „umständlicher, aber sehr tüchtiger, erfahrener, gewissenhafter und absolut zuverlässiger Herr", schrieb der Herausgeber der Deutschen Bauzeitung, K.E.O. *Fritsch,* noch deutlicher am 13. Februar, dass er im Hinblick auf Treue, Gewissenhaftigkeit und Zuverlässigkeit allen Ansprüchen genügen werde. Er sei allerdings kein „großes Talent" und: „Wenn in diesem Auftrag nicht zu hohe Anforderungen an ihn gestellt werden, dürfte er der Aufgabe wohl gewachsen sein."[162] Wer solche Freunde hat, braucht keine Feinde mehr. - Auch die Wiesbadener am Bau Beteiligten äußern sich durchweg kritisch. *Bickel* hält ihn nicht für ein Kirchenlicht und *Veesenmeyer* formuliert am 20. Mai 1892: „Fleißig und zuverlässig ist er, aber langsam im höchsten Grad und so umständlich."[163] Auch ein J. *Ritter* der Firma Philipp Holzmann erteilt am 9. Februar 1892 dem Architekten *Lieblein* ein Zeugnis, das keinen Zweifel an seinem großen Ernst und Gewissenhaftigkeit aufkommen lässt.[164]

Schon am 9. März muss er in der Verhandlung mit den leitenden Angestellten der Firma Ph. Holzmann erfahren, dass man ihn dort für das Hänschen hält, das den Johannes *Otzen* nicht ersetzen kann. Das Schreiben kann die Enttäuschung wegen dieser Herabsetzung nur schwer unterdrücken.

---

[162] Fritsch an Otzen, 13.2. 1892, Quellenband 1, Seite 194.
[163] Vgl. Veesenmeyer an Otzen, 20.5.1892, Quellenband 1, Seite 230.
[164] Vgl. P.H., J. Ritter.an Friedrich Lang, 9.2.1892, Quellenband 1, Seite 193f.

Von seinem Bauleitervertrag[165] her müsste er Vollmacht haben, Verhandlungen bis zum Abschluss zu führen. Der Streit, den *Lieblein* vom Zaune bricht ist, ob die Fa. *Holzmann* die Steine bearbeitet liefern soll, mit „Körnelung", einer feinen Struktur an der Oberfläche oder eben nicht. Obwohl der unbearbeitete Stein auf der Baustelle sehr viel mehr Arbeit machte, hält *Lieblein* die Version mit rohen Steinen für die insgesamt billigere, da Maurermeister *Böhles* weitaus mehr Flexibilität und Arbeitskräfte aufweist. Darauf will *Holzmann* nicht eingehen und schreibt darum unter dem 8. März 1892 an *Otzen* unter Verweis auf abgeschlossene Verträge. Das Ganze hat weitere Probleme und Problemsitzungen im Gefolge, bis dahin, dass zum Beispiel vom 3. bis zum 17. März die Bauarbeiten zum Erliegen kommen und die Firma Böhles 46 Arbeiter entlässt, weil nichts mehr geht: Ph. Holzmann hatte keine Steine geschickt. Schuld war zumindestens auch *Lieblein*, weil er zu spät die Pläne für die Lieferungen zu Holzmann geschickt hatte.[166]

Die Bemerkung von Karl *Bickel* in einem Schreiben an Johannes *Otzen*, strotzt nicht von Hochachtung: „Der gute Herr *Lieblein* ist diesen Nachmittag bei mir gewesen."[167] Solche Akteneinträge spiegeln einen nicht allzu erfolgreichen Vollzug seiner Aufgabe. *Bickel* hat schon bei Vetragsschluss Bauchschmerzen: „Den Vertrag mit Herrn *Lieblein* hat der Kirchen Vorstand auf Ihre Fürsprache hin und in der Hoffnung, daß Herr L. bei seinem guten Willen in die ihm obliegenden Geschäfte noch einarbeiten wird, genehmigt."[168] Dem entspricht die offene Frage, die *Bickel* am 21. März bereits an Johannes *Otzen* richtet: Ob wir wohl einen anderen Bauführer suchen

---

[165] Vgl. Vertrag vom 19.2.1892, § 1.d. und g, Quellenband 1, Seite 197ff.

[166] Otzen wird L. am 20. Mai ermahnen: „Lieber College, Sie verlieren sich in Details und lassen zu sehr die großen Gesichtspunkte aus den Augen." Dabei gibt er ihm eine detaillierte Liste von Zeichnungen, die Otzen an Holzmann geschickt hat. (Darum nicht in Correspondezen, sondern bei Massenberechnungen abgelegt und hier nicht erfasst.)

[167] Vgl. Bickel an Otzen, 8.3.1892, Quellenband 1,. Seite 212.

[168] Vgl. Bickel an Otzen, 21.3.1892, Quellenband 1,. Seite 222f.

müssen, weil auf der Baustelle noch „kein Spatenstich" geschehen sei. *Lieblein* hatte sich wegen einer Erkältung krankgemeldet – ausgerechnet in der Woche, in der der Bau hätte beginnen sollen.

Bei Emil *Veesenmeyer* hatte die Erkenntnis etwas länger gebraucht, aber das o.g. Schreiben vom 20. Mai zeigt, dass er die Langsamkeit und Umständlichkeit *Liebleins* durchaus auch durchschaut hat. *Otzen* unterstützt seinen Stellvertreter auf der Baustelle zunächst, sorgt dann aber ab der Mitte des Jahres 1892, dass er abgelöst wird. Zwar fehlen uns vollständig die wöchentlichen Bauberichte,[169] aber *Lieblein* bombardiert *Otzen* geradezu mit außerregulären Schreiben, die in der Regel davon handeln, dass ihm Vieles nicht gelingt und er wortreich andere dafür zur Verantwortung zieht. Gut daran ist, dass alle diese Schreiben in die „Correspondenzen" gelangt sind. Nachdem seine Entlassung bereits in trockenen Tüchern ist, kommt es noch zu einem Eklat: Offenbar hat *Lieblein* eigenmächtig außertariflich zu bezahlende Aufträge – auch und vor allem an Maurermeister *Böhles* – vergeben, die nicht im Sinne von Johannes *Otzen* waren und dennoch den Bauherrn weiteres Geld kosten.

In vielen Schreiben wird ein ungeheurer Zeitdruck deutlich, der auf der Baustelle herrscht. Es gilt, die riesige Grundfläche vor dem Winter „unter Dach" zu bringen, weil die Wetterverhältnisse sonst im Kircheninneren erhebliche Schäden hinterlassen könnten, die den weiteren Baufortgang verlangsamen und verteuern würden. Dem Maurermeister Heinrich *Böhles* wird hier ein ebenso gutes Zeugnis ausgestellt, wie hier die Langsamkeit und Umständlichkeit von *Lieblein* als Problem benannt wird.[170]

Dokumente zur Ausstattung des Bauwerks von seinem Nachfolger, Friedrich *Grün*, finden sich in einem separaten Ordner, der als zweiter Quel-

---

[169] Leider ist der Nachlass Otzens nach Auskunft des Hochschularchivs bei der TH Berlin-Charlottenburg im Zweiten Weltkrieg verbrannt.
[170] Veesenmeyer an Otzen, 20.5.1892, Quellenband 1, Seite 233.

lenband (1894) erschienen ist. *Grün* hat die Baustelle gut im Griff und steuert souverän den Ausbau. Aus den Correspondenzen *Otzens* und *Bickels* erfahren wir wenig von dieser zweiten Bauperiode. Auch Grüns wöchentliche Bauberichte sind verbrannt. Seine Bauakten aus dem zweiten Halbjahr 1894 werden im 2. Quellenband dokumentiert. So beziehen wir unsere Kenntnis aus den verbliebenen Stimmen der damals Tätigen, die wir ihren Schreiben entnehmen können, so unvollständig sie das Gesamtgeschehen auch abbilden...

Vollends hoffnungslos wird *Liebleins* Lage, als dann auch noch der neugegründete Kirchenvorstand der „Neukirchengemeinde" im April 1892 seine Arbeit aufnimmt. Dessen Protokollbuch verzeichnet unter dem 11. August eine Eintragung, dass wegen der „Person des Architecten Lieblein" eine „vertrauliche Mittheilung" gemacht worden sei. Klingt nicht gut...

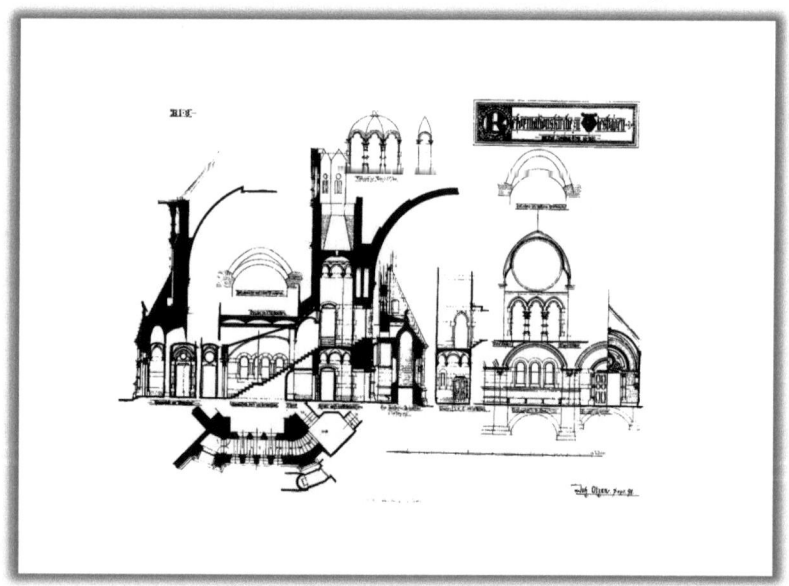

Südwestdarstellung mit den Emporentreppen, bei denen Lieblein Ärger bekam. Plan von Johannes Otzen.

XI. Baubeginn, Baustoff und Behörden

its am 25. Februar 1892 unternimmt es Karl *Bickel* im Auftrag des Kirchenvorstandes, *Otzen* zu bitten, auch lokale Handwerksbetriebe zur Submission zuzulassen, hier wird bereits die Firma Wilhelm *Philippi* genannt, die später großen Anteil an den nicht unbeträchtlichen Metallkonstruktionen der Ringkirche haben wird.

Ab dem 27. Februar 1892 waren die Erschließungsarbeiten der Stadt angelaufen, *Lieblein* hatte noch mit der Aufstellung des Bauzauns gewartet. Damit wird per Vertrag die Zimmerei Wilhelm Gail Wwe. am 5. März 1892 beauftragt. In den Zaun soll ein Baubüro nebst Schuppen eingepasst werden. Der Bauzaun wird Anfang März gesetzt und mit einigen hölzernen Toren verschlossen.[171]

Die Handzeichnung von Jacob Lieblein zeigt die Baustelle mit Rheinstraße, dem heutigen Kaiser-Friedrich-Ring, der Bau-hütte rechts auf dem heute bebauten Gelände zwischen Dotzheimer Straße und der heutigen An der Ringkirche.

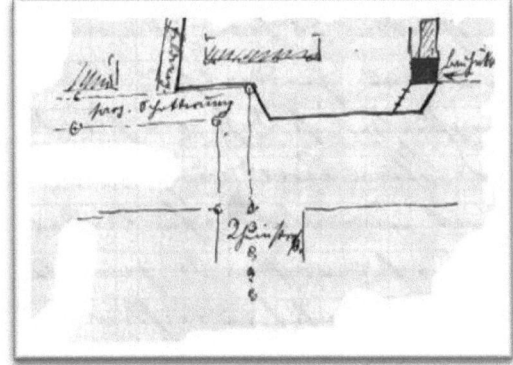

---

[171] Vgl. Lieblein an Otzen, 6. 3. 1892, Quellenband 1, Seite 205.

Lieblein diskutiert mit *Otzen* Qualitätsfragen der verschiedenen von Holz-mann angebotenen Sandsteinen und warnt vor minderwer-tigen Quali-täten, die dieser liefern möchte. Er wünscht die Steinbrüche (im Raum Dürkheim) selbst aufzusuchen.[172] Auf der Baustelle wird nach Bauzaun und Bauhütte zunächst ein Schnurgerüst errichtet, dass die späteren Außen-mauern markiert.[173]

Am 26. März 1892 beginnt die Stadt mit tiefen Ausschachtungsarbeiten, um Versorgungsleitungen zur Baustelle zu legen. *Lieblein* berichtet, dass Pfeiler für die westlichen Fundamentierungen vorbereitet würden.

Eine Diskussion über eine eventuelle Grundsteinlegung hat in den vorlie-genden Akten nicht stattgefunden. Die etwas früher begonnene Kirchen-baustelle *Otzens* in Apolda hingegen wurde am 29. Juli 1890 mit einem sol-chen Fest eingeweiht.[174] Ein Schreiben *Veesenmeyers* – am 27. Mai 1892 – fragt *Otzen* nach der Anfertigung einer Bleiplatte[175], die sich für eine Grund-steinlegung hätte eignen können. Offenbar bleibt die Anfrage unbeant-wortet oder ohne Folgen.

Jedenfalls seien Bauzaun, Schuppen und Bauhütte fertig, wobei der letzteren etwas fehlt, was sich den Buchstaben des Berichts aber nicht eindeutig ent-nehmen lässt. Wir vermuten, dass das Dach des Bürohäuschens noch nicht dicht ist, darauf deutet der folgende Verweis auf gutes Wetter. Schon am 8. März scheint das Vertrauen Karl *Bickels* in den Bauleiter *Lieblein* ganz am Nullpunkt angekommen. An diesem Tag schreibt er an *Otzen*: „Der gute Herr Lieblein ist diesen Nachmittag bei mir gewesen und hat mir ver-sprochen, das Seine zu thun, um Ihren Wünschen vollkommen zu ent-sprechen. Hoffen wir das Beste!"

---

[172] Vgl. Lieblein an Otzen, 27.2.1892, Quellenband 1, Seite 203f.
[173] Vgl. Lieblein an Otzen, 27.2.1892, Quellenband 1,. Seite 203f.
[174] 100 Jahre Lutherkirche Apolda 1894 – 1994, Die Vorgeschichte. Apolda, 1992.
[175] Veesenmeyer an Otzen, 27.5.1892, Quellenband 1, Seite 235f.

Mitte März bekommen die Handwerker Verträge in Brief und Siegel; es gab noch etliches Hin und Her um die Details der Verträge – oder der Honorare. *Böhles* hat am 9. März unterschrieben.[176] Per Depesche genehmigt *Bickel* gegenüber Otzen alle ihm vorgelegten Verträge am 14. März 1892.[177]

Schwarz-weiß Wiedergabe einer colorierten Foto-Postkarte der Rheinstraße um 1900, an deren „Kopfende" die Konturen der Ringkirche zu sehen sind..

---

[176] Lieblein an Otzen, 9.3.1892, Quellenband 1, Seite 218f.
[177] Bickel an Otzen, 14.3.1892,Quellenband 1, Seite 220.

Die Nordfassade.
Plan von Johannes Otzen

XII. Die Gewerke

Während der Maurermeister *Böhles* allgemeine Anerkennung genießt, weil er zielstrebig die Termine einzuhalten bestrebt ist, wird sein Elan durch fehlende Steinlieferungen gebremst. Den rüden sozialen Verhältnissen dieser Zeit entsprechend, entlässt er jeweils seine Arbeiter, um sie erst dann wieder anzustellen, wenn die Steine geliefert sind.[178]

Schuld an den Lieferengpässen ist sicherlich in erster Linie die Firma Philipp Holzmann & Cie, die auf der Lieferung bearbeiteter Steine besteht, mit deren Verarbeitung sie offenbar Kapazitätsprobleme hat, aber, wie bereits berichtet, eine Bearbeitung auf der Baustelle durch die Männer des Maurermeisters *Böhles* ablehnt. Was Holzmann sicherlich zugute kommt, ist der säumige Bauleiter Jacob *Lieblein*, der wenigstens in einigen Fällen zu spät die notwendigen Zeichnungen bzw. Pläne an Holzmann geschickt hat. Aber auch eine Krisensitzung samt *Otzen* bringt nur Beteuerungen seitens Holzmann, aber keine spürbare Verbesserung. Da *Böhles* in seinem Vertrag verbindliche Termine hat, hat er ein Interesse, von der Termineinhaltung dispensiert zu werden, die Lieferverzögerung habe ja nicht er zu vertreten.

Veesenmeyer schreibt an *Otzen* – peinlicherweise auf Briefpapier des Evangelischen Kirchen Gesang Vereines – dass er eine Krisensitzung der Baukommission anberaumt habe, um das Problem *Holzmann* zu lösen. Seiner Persönlichkeitsstruktur entsprechend ist er der – wie sich zeigen wird fälschlichen – Meinung, dass er durch diese Intervention etwas für das Projekt Gutes gewonnen habe: „Jedenfalls hat Herr *Riede* gesehen, daß er hier bei ähnlichen Vorkommnissen auf einen sehr entschiedenen Willen stößt,

---

[178] Vgl. Veesenmeyer an Otzen, 17. 5.1892, Quellenband 1, Seite 232f.

der nicht mit sich spielen läßt. Er hat uns denn auch zugesagt, daß für die Folge derartiges nicht vorkommen solle...“[179] Ein Gutachter gibt allein *Lieblein* die Schuld für die Lieferverzögerung.[180] Bereits am 11. Juni werden die Bauarbeiten wegen fehlender Steine erneut eingestellt. Eine Diskussion über die Dauerhaftigkeit der gelieferten Steine wird von *Holzmann* wortreich abgewehrt, *Lieblein* habe etwas nicht verstanden.[181] Eine Verhandlung zwischen *Otzen* und *Riede* von der Firma Philipp *Holzmann* kommt am 24. Juni 1892 zu dem Ergebnis, dass ab dem 4. Juli alle Lieferzeiten pünktlich eingehalten würden. Maurermeister *Böhles* wird nachträglich bezeugen, dass die Zusicherung seitens *Riede* wieder nur ein Lippenbekenntnis war. Bereits am 7. Juli wird die Arbeit wieder eingestellt.[182] Das zieht sich durch den ganzen Juli hin.[183] Am 7. August beschwert sich *Otzen* in einem Schreiben an die Fa. *Holzmann*, dass auch die Farben des gelieferten Sandsteinmaterials überaus unglücklich seien. *Holzmann* liefert nicht nur quantitativ, sondern auch qualitativ mäßig. Dieser Befund bestätigt ein Schreiben *Otzens* an *Holzmann* am 17. Oktober 1892, in dem allerdings auch steht, dass die Wiesbadener Bauführung mangelhaftes Steinmaterial angenommen habe, was der Bauführung der Ludwigshafener Apostelkirche nicht passiert wäre, die ebenfalls von *Holzmann* – mangelhaft – beliefert wird.

Otzen teilt am 19. Oktober schließlich Jacob *Lieblein* mit, dass er dessen Kündigung zum 1. Januar 1893 akzeptiere. Er meldet ihm seinen Nachfolger, Friedrich *Grün* für Anfang November an, damit *Lieblein* ihn über die Bauführung informieren könne. Das Schreiben an *Grün* vom 2. November beweist allerdings, dass dies nur die offizielle Sprachregelung ist, „zur Schonung des sonst vortrefflichen und guten Mannes.“[184]. *Otzen* betreibt die

---

[179] Veenenmeyer an Otzen, 27.5.1892, Quellenband 1, Seite 235.

[180] Vgl. Gutachten, 11.6.1892, Quellenband 1, Seite 248.

[181] Vgl. Ph. Holzmann an Otzen, 11.6.1892, Quellenband 1, Seite 250f.

[182] Vgl. Böhles an Otzen, 7.7. 1892, Quellenband 1, Seite 260f.

[183] Vgl. Lieblein an Otzen, 2.8.1892, Quellenband 1, Seite 270ff.

[184] Otzen an Grün, 2.11.1892, Quellenband 1, Seite 297.

Kündigung, weil sie gegenüber dem Bauherrn unvermeidlich ist. Damit ist der Casus *Lieblein* indessen nicht ausgestanden: Am 30. November und 1. Dezember unternimmt dieser eine kleine Urlaubsreise, während der er bereits von Friedrich *Grün* vertreten wird. Als er zurückkommt, wartet ein Brief mit Vorwürfen von *Otzen* auf ihn, die offensichtlich gravierend sind. *Lieblein* weist sie mit Entschiedenheit zurück.[185] Leider fehlt das bezogene Schreiben; es muss um Kosten und / oder Kostennachweise gegangen sein. Am 14. Dezember werden außerkontraktliche Arbeiten und Schadensersatzansprüche zugunsten der Maurerfirma *Böhles* aufgeführt. Es scheint um die Decken der Emporen-Treppenhäuser und um die Basis der Rosettenfenster gegangen zu sein. Einerseits hat – planmäßig – *Holzmann* Gesimse für unterhalb der Rosetten gestaltet, während *Lieblein* die Bereiche hat aufmauern lassen, weil diese nicht pünktlich kamen.

Maurermeister Heinrich *Böhles* wendet sich wegen der abgewiesenen Rechnung am 22. Dezember an *Otzen* unter Verweis darauf, dass er seine Schadensersatzansprüche für Mai und Juni auf *Otzens* Wunsch hin fallen gelassen habe. Dabei fasst er die Erfahrung mit Philipp Holzmann zusammen, „daß es bis auf den heutigen Tag nicht besser geworden ist."[186] Die strittige Treppenüberdachung für die Emporentreppen habe er auf Anordnung der „hiesigen Bauleitung", also *Lieblein*s, verändert und es wäre unzumutbar, wenn er bei jeder angeratenen Änderung *Otzens* schriftliches Einverständnis hätte einholen müssen. Auch für die Gesimse unter den Rosettenfenstern trage er keine Verantwortung, weist aber darauf hin, dass die von Holzmann gefertigten Gesimse bereits Anfang Oktober hätten geliefert sein müssen, sie wären aber erst am 3. Dezember eingetroffen.

Am 23. Dezember werden noch die Wünsche der Baukommission in den Vertrag mit Friedrich *Grün* eingetragen und dann unterzeichnet. *Lieblein* bekommt sein Honorar, weil „dieser wohl nicht allein für die entstandenen

---

[185] Lieblein an Otzen, 2.12.1892, Quellenband 1, Seite 303f.
[186] Böhles an Otzen, 22.12.1892, Quellenband 1, Seite 310f.

Schäden könne haftbar gemacht werden."[187] Zwischen den Jahren hat *Otzen* eine Reise nach Wiesbaden geplant, auf der er die letzten offenen Fragen mit *Lieblein*, aber auch die Vertragsdiskussionen um *Grün* hätte klären wollen. Diese muss krankheitsbedingt ausfallen, darum verhandelt *Bickel* mit *Grün* direkt und bringt dessen Anstellungsvertrag zur Unterschriftsreife.[188]

Im Mai hat *Veesenmeyer* an Kollegen, die ihren Dienst in jüngst abgeschlossenen großen Kirchenbauten tun, Anfragen gerichtet, was für Heizungssysteme sie benutzen und welche Erfahrungen sie damit gemacht hätten.[189] Aus Berlin Kreuzberg bekommt er Antwort von der Heilig-Kreuz-Kirche, die nach Plänen *Otzens* 1885 bis 1888 gebaut worden war und von der Otzenkirche in Leipzig-Plagwitz. In Berlin hat die Heizung den Leuten die Füße zu stark erhitzt, weil die Rohre direkt unter den Fußbrettern verlegt waren, in Plagwitz musste die komplette Heizung generalüberholt werden, bis sie zur Zufriedenheit lief.[190] Die Christuskirche in Hamburg Eimsbüttel meldet eine gut funktionierende Heizung in einer Otzenkirche – die sogar „allen Schmutz und Dunst aus der Kirche fernhält."[191]

Für die praktische Ausführung einer Heizung, einer großen Dachlaterne mit metallenem Vierungsturm und einer Turmkonstruktion, nach der im steinernen Turm ein Metallgerippe zur Glockenaufnahme steht, wird die Maschinenfabrik W. *Philippi* aus Wiesbaden-Dambachthal beauftragt. Konkurrent war die Pankower Firma *Bretschneider & Krügner*, ein Unternehmen, das viele innovative Projekte, wie das Kuppelgebäude für die Potsdamer Sternwarte gebaut hat, mit zwei Diplomingenieuren an der Spitze. Sie arbeiten bei der Kirche in Apolda mit *Otzen* zusammen. Als Konkurrenten sind sie etwas vorlaut: Sie bieten an, die Pläne der Konkurrenz zu

---

[187] Bickel an Otzen, 23.12.1892, Quellenband 1, Seite 312.

[188] Vgl. Bickel an Otzen, 29.12.1892, Quellenband 1, Seite 313f.

[189] Vgl. Veesenmeyer an Otzen, Nachschrift, 20.5.1892, Quellenband 1, Seite 233f.

[190] Vgl. Schmidt an Veesenmeyer, 30.5.1892, Quellenband 1, Seite 238f.

[191] Brasche an Veesenmeyer, Juni 1892, Quellenband 1, Seite 256.

zensieren![192] Und knüpfen einige Bemerkungen „an die Arbeit des Gegners."
Sie bezeichnen die Fa. *Philippi* als in Eisenconstructionen „ganz unerfah-
ren". - „Die Unerfahrenheit scheint auch bei der Preisbemessung mitgewirkt
zu haben. Maschinenfabriken halten Eisenconstructionen nur für rohe Arbeiten, daß dies nicht so ist, lernen dieselben oft aus der Erfahrung. Für den
Glockenstuhl bitten ergebenst uns mit an dem Project noch concurrieren zu
lassen und die betr. Firma zur Aufstellung eines Concurrenzprojectes zu
veranlassen."[193] Der Appell ist erfolgreich: Für den Glockenstuhl schließt
Otzen am 29. August 1892 einen Vertrag mit Bretschneider und Krügner
ab.[194] - Am 7. Juni 1892 hatte der Sieger in der Konkurrenz, Wilhelm
Philippi um konkrete Unterlagen gebeten. Am 29. August bekommt er den
Vertrag für die Eisenarbeiten an Dachstühlen, Dachreitern und in den
Türmen. In seinem Schreiben am 13. August 1892 hatte *Philippi* eine Liste
von Referenzen nachgewiesen, wo er das vorge-schlagene Heizungssystem
eingebaut habe (z.B. ein Hotel Block). Die meisten Referenzadressen
beziehen sich allerdings auf deutlich kleinere Objekte wie z.B. Laden- und
Wohnräume der Gebrüder *Wollweber*. Es fehlen die Städtischen
Krankenanstalten, wo *Philippi* bis 1879 die Heizung eingebaut hat –
vielleicht handelte es sich um ein anderes Heizsystem.

Philippi bietet noch ein modifiziertes Heizsystem an und *Otzen* schickt das
Angebot an seinen Professorenkollegen Hermann *Rietschel*[195], der an der
TH Charlottenburg Heizungs- und Lüftungswesen lehrt. Der macht zwar
zu dem Projekt einige Anmerkungen, verweist aber im Übrigen auf einen In-

---

[192] Vgl. Bretschneider & Krügner an Otzen, vom 9.8.1892, Quellenband 1,
Seite 275.

[193] Die Maßnahme war erfolgreich; der eigentliche Glockenstuhl wird von
Bretschneider und Krügner geliefert.

[194] Vertrag in den Bauakten, Exemplar für die Oberleitung (Otzen). Dafür bekommt Philippi am 29. August 1893 noch einen Vertrag für den Blitzableiter
auf dem Turm...

[195] Rietschel an Otzen, 25.9.1892, Quellenband 1, Seite 291f.

genieurskollegen namens *Birlo*, den *Otzen* später dann auch kontaktiert.[196] Dieser gibt ein abschließendes Urteil ab, in dem er die vorgeschlagene Anlage zwar befürwortet, aber darauf hinweist, dass sie nicht konzessionsfrei sei. Er rät zudem davon ab, als Gefrierschutz in den Heizrohren Glycerin zu verwenden, weil Prof. *Rietschel* meine, Glycerin entwische durch die besten Dichtungen. Er nehme dagegen zum Frostschutz Spiritus. Am Ende hatte Philippi den Vertrag für die Mitteldruck-Warmwasserheizung am 12. September 1892 bekommen.

Unter den aktiven Kräften, die beim Bau der Ringkirche „mitmischen", hat es ab April 1892 ein neues Gesicht gegeben: Pfarrer Lothar *Friedrich* wird berufen, die Gemeinde zu der neuen Kirche zu führen. *Friedrich* war als junger Mann gerade am Ende seiner praktischen Ausbildung für den Pfarrberuf, als man den Kandidaten des Herborner Seminars riet, sie sollten sich schnell noch ins Amt heben lassen, da die Preußen 1866 Nassau annektieren und damit auch die kleine nassauische Landeskirche beherrschen würden. Der so unfertige *Friedrich* kam nach Nordnassau und geriet dort in den Strudel der Erweckungsbewegung pietistischer Kreise, die ihn für immer geprägt haben. Dass man die modernste Kirche Deutschlands in die Hände eines im Denken provinziellen und engen Theologen gab, mag innerkirchlich gute Gründe gehabt haben. Emil *Veesenmeyer* indessen, der sich jahrelang als künftiger liberaler Ringkirchenpfarrer gefühlt hatte, wird nicht berufen und bleibt auf Dauer Bergkirchenpfarrer. Zu den Eigenheiten des gebürtigen Wiesbadeners *Friedrich* gehörte, dass er früh seinen Vater verlor und darum für Mutter und Schwester ökonomisch verantwortlich war. Darum spielte Geld Zeit seines Lebens eine sehr große Rolle für ihn, was für Außenstehende wie Geiz gewirkt haben mag. Auch standen andere Pfarrkollegen in einem Spannungsverhältnis zu *Friedrich*.[197] Das sorgte

---

[196] Vgl. Birlo an Otzen, 19.12.1892, Quellenband1, Seite 308f.
[197] Darauf weisen die Lebenserinnerungen (Ms.) von Pfarrer August Merz hin, der nach seinem Eintritt in den Dienst an der Ringkirchengemeinde 1908 den älteren Kollegen gerade noch kennenlernte, bevor dieser erkrankte und starb

dafür, dass an seiner Seite immer eine Stelle frei wurde. *Friedrich* ließ sich vor August 1892 eine Visitenkarte drucken und einen Stempel anfertigen.

Er mischt sich nun in das Baugeschehen ein, als habe die Baustelle nur auf ihn gewartet. Unter seinem Einfluss wird später verhindert, dass die Kirche den Baustellennamen „Reformationskirche" führen wird. Wie seine Visitenkarte bereits zeigt, möchte er, dass die Gemeinde auf Dauer „Neukirchengemeinde" heißt. Zum Glück sind ihm die Entscheidungsgremien in dieser Hinsicht nicht gefolgt. Bald hat die Weisheit der Kirchenleitung ihm den noch unerfahrenen, verbindlicheren und theologisch liberaleren Carl *Lieber* an die Seite gestellt, der dafür sorgte, dass die Entwicklung der späteren Ringkirchengemeinde keinen Schaden genommen hat. Dieser ließ sich indes gern bitten, ab dem Jahr 1908 die neugegründete Lutherkirchengemeinde zu betreuen – 1903 hatten seine Verhandlungen begonnen, von der Seite *Friedrichs* fortzukommen.

Friedrich weist für den Bau der Kirche *Otzen* an, er möchte ihm Mitteilungen für die Baukommission zunächst in Vertretung von *Veesenmeyer* zusenden.[198] Er beeilt sich am 13. August *Otzen* mitzuteilen, dass die Baukommission die sensible Frage der Bauleitung in seine, *Otzens*, Hände legen wür-

---

(1909). Merz meint allerdings, dass Friedrich weitaus genießbarer gewesen sei, als er bei den Kollegen im Ruf gestanden habe.
[198] Visitenkarte, Rückseite, ohne Dat., August 1892, Quellenband 1, Seite 272.

de, aber man merkt dem Schreiben an, dass er *Otzen* nachgeradezu dazu auffordert, *Lieblein* schnellstmöglich zu feuern. Als Mensch mit Charakter lässt sich *Otzen* zu diesem Manöver hin nicht drängen. Er wird in aller Ruhe den Vertrag mit dem neuen Bauführer vorbereiten.

Lieblein ist indessen angezählt und *Otzen* nimmt im August Kontakt mit Friedrich *Grün* auf, einem jungen „Regierungs-Bauführer"[199] in Wiesbaden, um mit ihm *Lieblein* zu ersetzen. Er entspricht weitaus mehr dem Bild eines Bauprofis: Jung, entschieden, offen und durchsetzungsfähig. Statt etwas kriecherisch loyal, larmoyant, schreibwütig und unselbständig wie *Lieblein*. *Grün* antwortet am 14. August, dass sein Vorgesetzter, Geheimer Rat *Cuno*[200] seiner Mitarbeit am Bau der Ringkirche zugestimmt habe. Allerdings sei eine dreimonatige Kündigungsfrist einzuhalten.[201]

Dass die Gemeindetheologie des Dresdner Pfarrers Emil *Sulze* in Wiesbaden angekommen ist, bestätigt ein Eintrag in die Pfarrchronik der späteren Ringkirchengemeinde: Unter dem Datum des 30. Januar 1892 wurde die Executions-Urkunde über die Errichtung dreier evangelischer Kirchengemeinden erlassen, wie das Amtsblatt des königlichen Konsistoriums vom 8. Februar 1892 mitteilt. Die eine Gesamtgemeinde Wiesbaden spaltet von sich drei Einzelgemeinden ab – und diese teilen sich intern in Seelsorgebezirke auf. Das tritt am 12. April 1892 in Kraft. Damit wurde Lothar *Friedrich* zum Ersten Pfarrer der „Neukirchengemeinde" berufen. Jede Gemeinde bekommt einen Kirchenvorstand und eine größere Gemeindevertretung. Das Vermögen indessen bleibt bei der Gesamtgemeinde, wie es auch

---

[199] Der Regierungs-Bauführer ist ein Status, mit dem studierte Architekten ihre Ausbildung abschließen, um für den Staatsdienst oder für ein privates Atelier zugelassen zu werden.

[200] Herrmann Cuno gehört seit dem 12. April 1892 bis zu seinem Wegzug im August 1893 dem Kirchenvorstand der Neukirchengemeinde an. (Erstes Protokollbuch des KV)

[201] Grün an Otzen, 14.8.1892, Quellenband 1, Seite 279f.

heute, 2021, noch immer geregelt ist. Die erste Kirchenvorstandssitzung der Neukirchengemeinde findet am 9. Mai 1892 im Rathaus statt. Dabei nimmt der Pfarrvikar Carl *Lieber* teil. Er wird 1899 zum 2. Pfarrer ernannt und wirkt im Kirchenvorstand als Schriftführer.

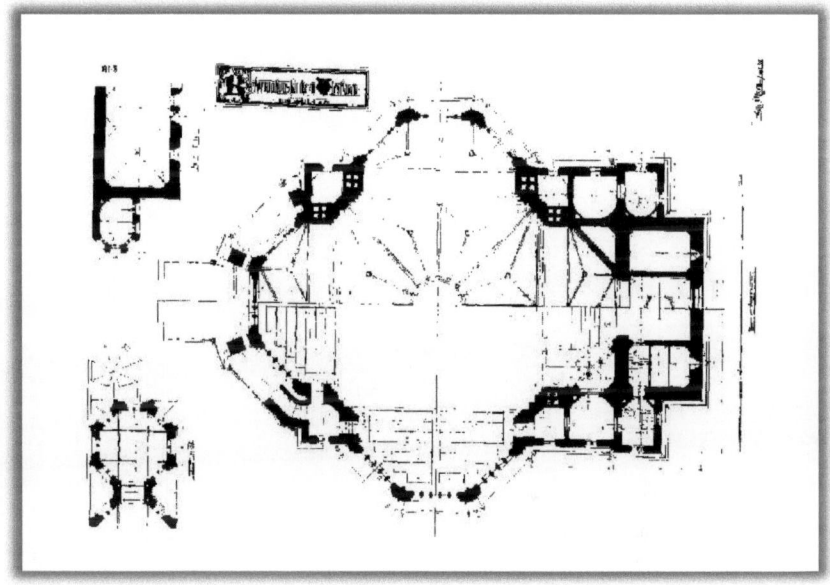

Emporen und Gewölbe.
Plan von Johannes Otzen

XIII. Ritter, Stahl und Glocken

Mit dem Eintritt des künftigen Gemeindepfarrers Lothar *Friedrich* und im neu beginnenden Kalenderjahr 1893 zeichnet sich ab, dass der Kirchenrohbau in eine neue Phase geht, der Zeit, in der die Ausstattung und Einrichtung in den Blick kommen. In den Correspondenzen fehlt das Schreiben, mit dem Emil *Veesennmeyer* den früheren Landesherren, *Adolph* von Nassau,[202] weiland Großherzog von Luxemburg, bittet, für die neuerbaute Kirche seiner früheren Residenzstadt zwei Skulpturen zu stiften, aber es findet sich der Beleg der Großherzoglichen Finanzkammer, die Pfarrer *Bickel* darüber informiert, dass der evangelischen Kirche dafür 2000 Mark angewiesen worden sei.[203] Mit diesem Geld werden zwei Ritter bei dem Frankfurter Bildhauer Ernst *Rittweger*[204] in Auftrag gegeben, die für die Verteidigung des Protestantismus gegen einen militanten Katholizismus stehen: *Gustav Adolf* von Schweden, der auf der protestantischen Seite in den Dreßigjährigen

---

[202] Adolph von Nassau, (1817 – 1905) letzter Regent von Nassau 1839—66, Großherzog v. Luxemburg 1890—1905. Nach dem Studium der Rechte in Wien zunächst zu Reformen bereit, nach der 1848er Revolution konservative Wendung. Im Krieg 1866 führte er Nassau auf die Seite Österreichs. Da Preußen siegte, verlor Nassau seine Selbständigkeit und Adolph zog auf sein Jagdschloss Hohenburg bei Lenggries. 1890 wurde er als Nachfolger der nassau-oranischen Linie auf den großherzoglichen Thron in Luxemburg berufen (ausgestorben im Mannesstamm 1912). Neue Deutsche Biographie 1, 85.

[203] Vgl. Finanzkammer an Bickel, 20.3.1893, Quellenband 1, Seite 319.

[204] Rittweger an Grün, 2.10.1892 im Quellenband 2, 107.

Kurz nach
Baufertigstellung:
Die Ringkirche als
Neubau von Südwest.
„Ausgeführte Bauten"
von Johannes Otzen.

Krieg eingetreten war – und dabei fiel, - und *Wilhelm* von Oranien, der Befreier der reformierten Niederlande von spanischen Truppen. Die Auswahl der Dekorationswächter des Ostportals entspricht dem vorherr-schenden Konfessionalismus.

Bevor ein Schriftsatz der Glockengießerei Carl Friedrich *Ulrich* aus Apolda in die Correspondenzen geheftet wurde, findet sich bereits unter dem Datum des 20. Mai 1893 eine Beschwerde des Generaldirektors Louis *Baare* des „Bochumer Vereins". Dieser hatte aus dem Wiesbadener Tagblatt ersehen, dass sich der Kirchenvorstand für Bronzeglocken entschieden habe und hält dagegen, dass seine Gußstahlglocken besser, billiger und im Klang weiter tragen seien. Der besagte Zeitungsbeitrag vom 19. Mai 1893 ist beigeheftet. Er berichtet, dass das Angebot der Firma C. F. *Ulrich* in Apolda, die teuersten und schwersten Bronzeglocken anbietet: Bei 276 Zentner Gewicht werden sie auf 24.962 Mark veranschlagt. Der Materialpreis sei „auf 1,672 Mk. pro Kilo festgesetzt und dessen Ermäßigung nachträglich noch in Aussicht gestellt. Das erheblich höhere Gewicht rührt daher daß diese Firma die Glocken mit besonders starken, sogenannten mittelalterlichen Rippen versehen will, die nach Ansicht von Fachleuten aber nicht nöthig sind."[205] Da die Kommission einem Beitrag vertraute, der das Bronzegeläut des Französischen Doms am Gendarmenmarkt in Berlin für das klangvollste hielt, regt sie an, auch die Firma *Collin* (!) in Zehlendorf, von der dieses Geläute stammt, zur Konkurrenz einzuladen.[206] Auch der einheimische Glockengießer Friedrich Wilhelm *Rincker* aus dem nassauischen Sinn wendet sich an den Kirchenvorstand, um für seine Glocken zu werben. Sie hätten eben die Johanniskirche in Gießen und die Gemarker Kirche in Barmen mit Glocken beliefert. Sie hätten auch die größte Glocke auf der katholischen Kirche in Wiesbaden mit 3.800 kg gegossen.[207] Die Wahl der Baukommission fällt auf das teuerste Angebot aus Apolda. Erst in Folge des Ersten Weltkrieges, während dessen das Geläut der Ringkirche zwei Bronzeglocken verloren hat, wird ein Stahlgeläut des Bochumer Vereins bestellt. Die letzte Bronzeglocke wird verkauft und der Erlös in den Ersatz investiert. Seither hängen im Turm der Ringkirche drei Stahlgussglocken.

---

[205] Wiesbadener Tagblatt vom 19.5.1893, Morgen-Ausgabe, Quellenband 1, Seite 322ff.

[206] Der französische Dom hat nach Kriegszerstörungen seit 1987 ein Carillon, keine klassischen Kirchenglocken mehr. 2006 wurde es erneuert. Die Zehlendorfer Glockengießerei Gustav Collier (!) war 1875 von Wedding nach Zehlendorf in das Gemeindewäldchen umgezogen und produzierte bis 1914 Glocken.

[207] Diese existiert nicht mehr, aber dafür vier Glocken im Turm der Marktkirche aus den 1960er Jahren. Der Familienbetrieb Rincker hat seit 1817 seinen Sitz in Sinn.

Für die Frage, wie die Glocken zu ihrem Platz in den Türmen der Ringkirche gelangen sollen, nimmt Pfarrer Lothar *Friedrich* Stellung – mit wenig Elan: In seinem Schreiben an Karl *Bickel* wünscht er einen „Credit für die unvermeidlichen Ausgaben." Die Jahreszeit, die Bodenbeschaffenheit bei der Baustelle und der Aufwand für eine würdige Feier steht für ihn einer solchen Feier entgegen. Dennoch sollen die Wagen mit den Glocken mit Kränzen geschmückt werden, wenn sie vom Bahnhof kommen, Schulkinder sollen den Zug begleiten, der Kirchenvorstand soll die Glocken an der Baustelle in Empfang nehmen.[208]

Der Bericht zeugt von einer zweiten Diskussion der größeren evangelischen Gesamtgemeindevertretung, die sich um das Material für das Kirchendach drehte: Ursprünglich sollte demnnach die neue Kirche mit Belgischem Schiefer[209] gedeckt werden, aber man entschied sich dann doch für Cauber Schiefer: „Herr Oberstleutnant Erdmann spricht sich für rheinischen Schiefer aus, ebenso Herr Prof. Dr. H. Fresenius, welcher bei der Wahl von Cauber Schiefer auch lauter Kupfer verwendet haben will. Auch die Herren Baurat Winter und Rentner D. Beckel erklären sich für Cauber Schiefer. Herr Dr. H. Fresenius empfiehlt, die Auswahl der Deckungsart den Fachleuten zu überlassen. Die Versammlung stimmt dem Antrage zu, die Bedachung in Cauber Schiefer und Kupfer ausführen zu lassen und die Art der Bedeckung dem Architekten zu überlassen."[210]

Über das nächste Ausstattungsobjekt berichtet in den Correspondenzen wiederum ein Zeitungsartikel, diesmal aus dem „Rheinischen Kurier".[211]

---

[208] Friedrich an Bickel am 21.10.1893, Quellenband 1, Seite 326f.

[209] Dem rotbunten Schiefer? Die Motive sind leider nicht genannt.

[210] Wiesbadener Tagblatt vom 19. Mai 1893, Morgen-Ausgabe. Quellenband 1, Seite 322f.

[211] Der Rheinische Kurier erscheint ab 1866 als politisch konservatives preussenfreundliches Wiesbadener Blatt, das von 1867 unter dem Einfluss des preußischen Staates stand. 1874 übernahm der Verleger Ritter den Kurier und schloss ihn mit der Mittelrheinischen Zeitung unter dem Titel Rheinischer Kurier und dem Untertitel Mittelrheinische Zeitung zusammen. Die Zeitung folg-

Diesmal einigt sich die Sitzung der größeren evangelischen Kirchengemeinde-Vertretung, die unter der Leitung ihres Vorsitzenden, Karl *Bickel*, tagt, sehr schnell auf die Orgel für die Ringkirche. „Danach beantragt der Kirchenvorstand einstimmig, 8288 Mark für die Orgel mit 25 klingenden Stimmen, eventuell noch eine Pauschalsumme von 1000 Mark zur Erhöhung der Register auf 27 und für das Orgelgehäuse 2500 Mark zu bewilligen. (Dann kommt die Orgel immerhin noch um 1000 Mark billiger, als die der Bergkirche) und die Lieferung sowohl des Orgelwerks, wie des Gehäuses der berühmten Firma Walcker in Ludwigsburg, welche bereits für zwei unserer Kirchen vortreffliche Orgelwerke geliefert hat, zu übertragen."[212] Ärger gab es beim Einbau, weil auf der Orgelempore bereits alle Bänke montiert waren.[213] Eine besondere Kommission wird dann das bestellte Instrument prüfen. Der Propspekt wird tatsächlich von *Otzen* entworfen und durch die Gebrüder *Neugebauer* errichtet.[214] Zugleich wird eine Notverglasung der Rohbau-Kirche beschlossen und die notdürftige Beheizung, damit im Winter die Arbeiten nicht eingestellt werden müssten. Plan sei dabei, die Kirche bis zum 1. Juli fertigzustellen, zumal man befürchte, dass der Vertrag mit dem Bauführer Friedrich *Grün* im Juli abliefe und man einen dritten Bauführer einstellen müsse. Wir wissen indessen aus dem Schreiben *Grüns* an *Otzen*, dass dieser sehr wohl damit rechnet, noch ein bisschen länger gebraucht zu werden. In jedem Fall beschließt man für 272 Mark eine Notverglasung und 120 Mark für den Koks, die Öfen liefert Maurermeister *Böhles* unentgeltlich.

---

te einer liberalen Richtung. Vgl. wikipedia, „Wiesbadener Zeitung". 5.12.1893, Quellenband 1, Seite 327ff.

[212] Zeitungsbeitrag, Rheinischer Kurier, 5.12.1893, Quellenband 1, Seite 327,. Das Gehäuse wurde dann nicht von Walcker geliefert, sondern von Otzen entworfen und von den Gebrüden Neugebauer gebaut. Quellenband 2, Otzen an Grün, 23.8.1894, Seite 60ff.

[213] Walcker an Bickel, 27.9.1894, Quellenband 2, Seite 100 u.ö.

[214] Hinweis auf den Klavierkasten der Orgel, Walcker an Grün, 29.8.1894, Quellenband 2, Seite 67, Walcker an Grün, 3.10.1894, Seite 109f.

Zur feierlichen Einholung der Glocken lädt Karl *Bickel* ein zum 14. Dezember 1893. Am Nachmittag sollen nach dem bereits mitgeteilten Plan von Pfarrer *Friedrich* die Glocken vom Bahnhof zur Kirche geleitet werden. Der Weg ist etwas kürzer als er heute wäre, denn die drei Bahnhöfe liegen noch am Fuße der Rheinstraße. Für das festliche Treiben hat der Gesamtkirchenvorstand 500 Mark bewilligt.[215]

Auch über den Vollzug des Einbaus informiert uns in den Correspondenzen ein Beitrag des Rheinischen Kuriers vom 23. Dezember 1893[216]. „Die Firma Brett, Schneider (!) und Krügner[217] in Pankow hat die Glockenstühle geliefert und eigentlich hätte um 11 Uhr das erste Geläut ertönen sollen. Leider war es noch nicht so weit. Erst nach 12 Uhr ertönten die Glocken in den Tönen Gis H und Dis. Für das volle Geläut seien fünf Mann nötig, da die Glocken mit Glockenseilen bewegt wurden. Eine kleine Dissonanz wurde bei der mittleren Glocke festgestellt, die aber leicht zu beseitigen sei.

---

[215] Quellenband 1, Seite 329.
[216] Rheinischer Kurier vom 23. 12.1893, Quellenband 1, Seite 329ff.
[217] Bretschneider und Krügner hätte es heißen sollen...

Eine der untergegangenen Bronzeglocken des ersten Geläuts
der Ringkirche
auf einer Postkarte unbekannter Herkunft.

XIV. Der Name der Kirche:
Ring – oder was?

Das neue Jahr 1894 – und mithin das letzte Jahr der Baustelle beginnt und als erster Vorgang erhält Karl *Bickel* ein Protestschreiben, in dem ein Bürger namens C. *Niss*, den vorgeschlagenen Namen „Ringkirche" nicht für geeignet hält.[218] Er macht einige Gegenvorschläge, unter denen auch der Name „Reformationskirche" steht, „welcher Name auch, wenn ich nicht irre, schon damals auf der ausgestellten Photographie der Kirche zu lesen war."

Der nächste Brief ist wiederum ein Protestschreiben, dieses Mal von ortsansässigen Dekorationsmalern, die verhindern wollen, dass der Auftrag für die Bemalung der Innenräume nach auswärts geht. Ob Emil *Veesenmeyer* als Verantwortlicher noch über dieses Schreiben hinaus angegriffen wurde, wissen wir nicht, aber er fühlt sich bemüßigt, infolge der „gegen meine Person erhobenen öffentlichen Angriffen und Beschuldigungen" vom Gesamtkirchenvorstand ein Vertrauensvotum in dieser Angelegenheit zu fordern.[219] Zusammen mit den meisten Otzenkirchen wird auch die Ringkirche von dem Dekorationsmaler Otto *Berg* ausgemalt, dessen Œvre fast ausschließlich Dekorationsmalereien in Kirchen von Johannes *Otzen* umfasst. Da die Mutter *Otzens* eine geborene *Berg* war und auch *Berg* aus Schleswig-Holstein stammt – wenngleich aus Bornhoeved, 80 Kilometer südlich von Sieseby, wo *Otzen* geboren wurde, könnten die beiden miteinander verwandt gewesen sein. *Berg* genießt jedenfalls das besondere Vertrauen *Otzens*.

---

[218] Vgl. Niss an Bickel, 22.1.1894, Quellenband 1, Seite 331.
[219] Veesenmeyer an Bickel, 27.6.1894, Quellenband 1, Seite 334.

Der Protest scheint – außer einem gekränkten Emil *Veesenmeyer* – im Hinblick auf die Baustelle keinen Einfluss gehabt zu haben.

Im Juli 1894 wird das Thema „Kircheneinweihung" zum ersten Mal akten-kundig. *Veesenmeyer* schreibt an *Bickel*, man möge doch einen Termin fest-legen, weil „Seine Majestät der Kaiser und König" bereits für die Einweihung des Königlichen Theaters am 16. Oktober gebucht sei. *Veesenmeyer* glaubt, dass die Ringkirche in der ersten Oktoberwoche fertig wird.[220]

Dabei geht das Ringen um die Ausstattung weiter. Der Bauleiter, Friedrich *Grün*, notiert an *Veesenmeyer*, dass die Stadt bereit ist, eine Turmuhr zu stiften, wenn die Gemeinde 1.000 Mark dazugibt.

---

[220] Veesenmeyer an Bickel am 24.7.1894, Quellenband 1, Seite 334.

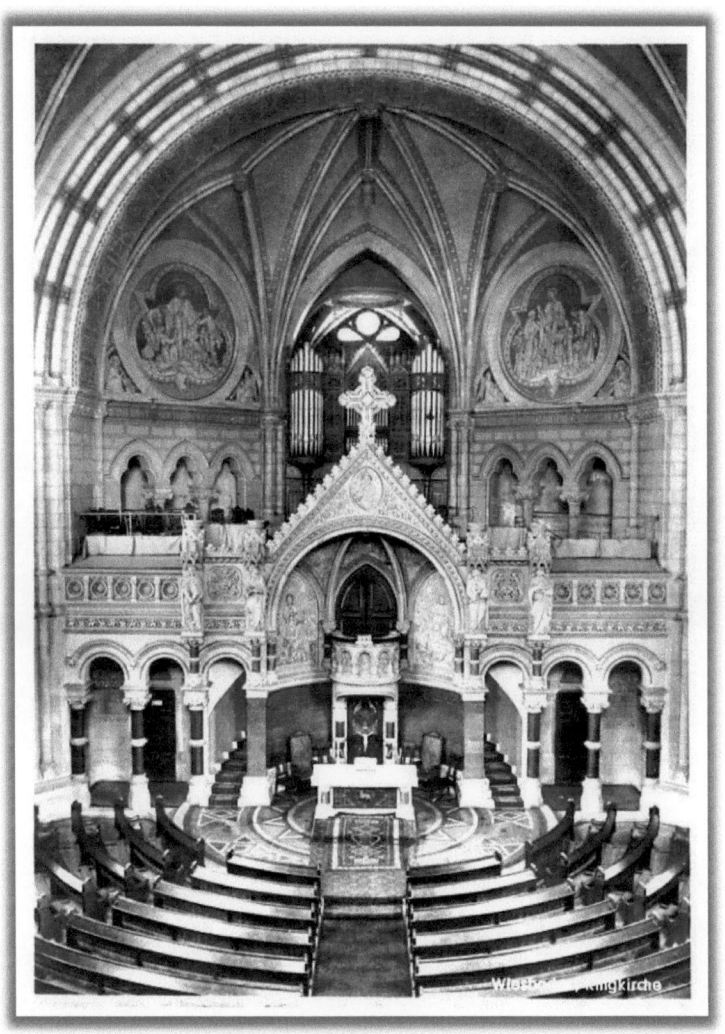

Das Innere der Ringkirche nach Osten.
Erste Hälfte des 20. Jahrhunderts,
Postkarte unbekannter Herkunft.

XV. Die Einweihung winkt

Nicht nur *Veesenmeyer* hätte gern den Kaiser zur Kircheneinweihung dabei gehabt, aber das scheitert an Protokollfragen: Das königliche Consitorium muss erst darüber befinden, ob der Gesamtgemeindevorstand berechtigt ist, beim Hofmarschallamt nachzufragen. Bis zu dieser Entscheidung soll der Gesamtkirchenvorstand eine Anfrage unterlassen. Diese Anweisung von Superintendent Karl *Ernst*[221] kommt am 2. August 1894! Damit wird die Anfrage zu spät in Berlin eintreffen.

In seiner Sitzung vom 17. September 1894 berichtet dessen Vorsitzender Lothar *Friedrich* dem Kirchenvorstand der „Neukirchengemeinde" über den gegenwärtigen Stand der Kircheneinweihung: „Nach Mittheilungen des Bauführers wird die Ringkirche bis Mitte October gebrauchsfertig sein und stehe von seinem Standpunkt aus der Einweihung der Kirche kein Hindernis entgegen. Das Königliche Consistorium erwarte nunmehr vom KV der Neukirchengemeinde entsprechende Vorschläge und habe insonderheit der Consistorial-Präsident angeregt, den Herren Minister der geistlichen Angelegenheiten zur Feier der Einweihung einzuladen." (Protokollbuch des KV) Gestritten wird, ob die Einweihung durch den Gesamt-KV oder durch den KV der Neukirchengemeinde zu geschehen habe. Der preußische Kultusminister hat mittlerweile gewechselt. Es ist inzwischen Julius Robert *Bosse* (1832-1901), der Besoldungsgesetze für Pfarrer einführte und anonyme Unsterblichkeit erlangte, indem er 1892 in den Schulen das Hitzefrei einführte.

---

[221] Karl Ernst (1834-1902) wurde vom preußischen König 1882 als Generalsuperintendet eingesetzt und wird das bis 1897 bleiben.

XVI. Die Orgel und der Hofmarschall

Die damals weltbekannte Orgelbaufirma Eberhard Friedrich *Walcker* und Cie. hatte ja den Zuschlag bekommen, eine Orgel für die Ringkirche zu errichten.[222] Am 19. September, - ein Monat vor der Einweihung der Kirche – meldet sich die Firma – Unterzeichner ist vermutlich Eberhard *Walcker* (jun.) – mit der Versicherung, „daß wir Sie nicht im Stiche lassen," sondern dass sie dafür sorgen werde, dass die Orgel am 15. Oktober spielbar sei. Für die Montage der Orgel in der Kirche brauche Walcker nicht länger als 14 Tage. Am 29. September teilt *Walcker* mit, dass die Orgel unter Mitwirkung der Spedition Rettenmayer abgegangen sei und am Montagmittag, den 1. Oktober eintreffen werde.

An diesem 1. Oktober 1894 verhandelt der Kirchenvorstand der Neukirchengemeinde zum vierten Male über die Einweihung der Kirche. Verlesen wird ein Schreiben „des Herrn Generalsuperintendenten D. *Ernst* vom 29ten Sept.", wonach gegen den zur Weihe der Ringkirche vorgeschlagenen Termin nichts spricht, „aber zu Bedenken gegeben wird, daß die Behaltung des 31ten Octobers eine Einladung der katholischen Geistlichkeit voll ausschließen dürfte."[223] Dennoch beschließt der KV, am Termin festzuhalten. Bei der Nassauischen Brandversicherungsanstalt wird die Ringkirche mit einem Betrag von 560.000 Mark für einen Beitrag von 42 Mark vom 1. Oktober bis Ende Dezember versichert. [224]

---

[222] Opus 686 der Fa. E. F. Walcker. Vgl. Quellenband 1, Seite 337. Eberhard Friedrich ist zu diesem Zeitpunkt bereits verstorben und seine Söhne betreiben die Firma. Zahlreiche Korrespondenz im Quellenband 2.

[223] Protokollbuch des KV, Seite 36.

[224] Vgl. Brandversicherungsanstalt an Bickel, 20.9.1894, Quellenband 1, Seite 338f.

Am 22. September wagt Johannes *Otzen* eine Prognose für die „Vollendung der Ringkirche". Sie sei sicher am 16. Oktober fertig mit Ausnahme der Bilder neben dem Kanzelkorb. *Otzen* war mit den Entwürfen der Düsseldorfer Neonazarener *Ehrich* und *Döringer*[225] wiederholt unzufrieden und hat die Disposition jetzt diesen überlassen. *Otzen* hat sich auf eigene Faust mit dem Hofmarschall Graf *Eulenburg*[226] in Verbindung gesetzt, aber erfahren müssen, dass seine Majestät anders disponiert sei. Dennoch müsse er unbedingt eingeladen werden.

Hektisch wird es am 20. Oktober, als *Otzen* von *Veesenmeyer* den „Verzweiflungsschrei" bekommt, dass die konzipierte revolutionär neue Beleuchtung durch das gläserne Oberlicht nicht funktioniere. Offenbar ist die von oben durch einen Reflektorkasten und einzelne Gaslicht-Reflektoren konzentrierte Licht viel zu gering, um eine gleichmäßige Helligkeit im Kirchenraum zu erzeugen. Otzen ordnet Behelfsmaßnahmen an, damit die im Raum verteilten Gasbeleuchtungen nicht ganz so schrill wirken. Auch ein späterer Versuch mit elektrischen Bogenlampen wird nach kurzer Zeit aufgegeben. Wandarme an den Emporen und Kandelaber auf der Altarwand werden die nicht vollkommen überzeugende Beleuchtung der Ringkirche werden. 1960 werden die elektrischen Hängelampen eingebaut werden, die noch immer (2021) hängen.[227]

Am 26. Oktober 1894: beschließt der Kirchenvorstand, „die Collecte des Weihe-Gottesdienstes der Gemeinde Heddernheim für deren Kirchbau zuzuweisen." Heddernheim war ursprünglich Mainzer Exklave und ist in Frankfurt bis heute als „Klaa Paris" eine (katholische) Fastnachtshochburg.

---

[225] Vgl. Otzen an KV, Quellenband 1, Seite 339.

[226] August Ludwig Traugott Graf zu Eulenburg, (1838 – 1921) preußischer Oberhofmarschall und Hausminister. Neue Deutsche Biographie 4 (1959), S. 679-680 [Online-Version]; URL: https://www.deutsche-biographie.de/pnd 116586451.html#ndbcontent. Otzen an KV, Quellenband 1, Seite 340.

[227] Otzen an Grün, 20.10.1894, Quellenband 2, Seite 119f.

Dabei handelt es sich um die heutige St. Thomaskirche, die mit Mitteln des Gustav-Adolf Werkes, 1897-1898 nach Entwürfen von Gustav *Dormann* gebaut wurde.[228] In der gleichen Sitzung beschließt der Kirchenvorstand auch allen 900 Konfirmandinnen und Konfirmanden ein Bild von der Ringkirche drucken zu lassen, um sie ihnen zu schenken.

Am Montag, den 29. Oktober 1894 hat Otzen Architekten und Darmstädter Architekturstudenten zu der ersten Kirchenführung der Ringkirche eingeladen. Um 15 Uhr hält er persönlich die Präsentation.[229]

---

[228] Seit 2020 Teil der fusionierten Kirchengemeinde Frankfurt Nordwest.
[229] Vgl. Otzen an Grün, 20.10.1894, Quellenband 2, Seite 119ff.

*Orgelempore mit Chor-Bänken und Spieltisch vor dem
Prospekt, kurz nach Baufertigstellung, ca. 1895.
Johannes Otzen, Ausgeführte Bauten*

XVII. Das Ende der Baustelle

In der Erwartung, dass nun im Falle eines Kälteeinbruchs die installierte Heizung der Ringkirche für Wärme sorgt, bittet Emil *Veesenmeyer* in eigener Sache, den dortigen „Wurmbadischen" Füllofen in das Pfarrhaus Emser Straße 14 versetzen zu dürfen.[230]

Lothar *Friedrich* teilt im Auftrag des Vorstandes der Neukirchengemeinde Karl *Bickel* mit, dass der Generalsuperintendent das entworfene Programm für die Einweihung der Kirche genehmigt habe und für die Einweihung der Ringkirche 2000 Mark anzusetzen sei.[231] Zuvor möchte er noch Lehn- und Klappstühle von der Marktkirche ausleihen.[232] Für ältere und schwächere fromme Gemeindeglieder sollten Karten ausgegeben werden, damit diese gefahrlos vorab in die Kirche eingelassen werden könnten. Kirchen- und Posaunenchor sind eingeplant. Auch die fürstlichen Personen sollen vorab auf Ehrenplätze eingelassen werden.

Am Mittwoch, den 31. Oktober beginnt in der Marktkirche mit Andacht und Festzug unter Glockengeläut der Gang zur Ringkirche über die Rheinstraße. Der Zug ist hierarchisch geordnet, samt Bibel und Altargerät.

Die **Pfarrchronik** weiß zu berichten:[233]

---

[230] Veesenmeyer an Bickel, 29.9.1894, Quellenband 1, Seite 342.
[231] Friedrich an Bickel, 3.10.1894, vgl. Quellenband 1, Seite 342ff.
[232] Lothar Friedrich an Karl Bickel 20. und 27.10.1894.vgl. Quellenband 1, Seite 345f. Die feuerpolizeilichen Bedingungen müssen damals sehr großzügig gewesen sein: Klappstühle in den Gängen!
[233] Pfarrchronik der Ev. Ringkirchengemeinde, Ms., erfasst von Ralf-A. Gmelin, im Archiv der Ev. Ringkirchengemeinde. Kopie im Zentralarchiv der EKHN.

„Die **Einweihung der Ringkirche** geschah in feierlicher Weise, Mittwoch, am 31. Oktober 1894.

Um 9 1/2 Uhr fand ein kurzer Abschiedsgottesdienst in der Marktkirche statt, welchen Pfarrer *Lieber* abhielt. In und vor der Kirche hatten sich die Teilnehmer am Festzug gesammelt, welcher sich um 10 Uhr unter dem Geläute aller Glocken von der Marktkirche durch die Bahnhofstraße und Rheinstraße nach der Ringkirche in Bewegung setzten. Voran ging die Regimentsmusik Choräle blasend. Den Zug der Geistlichen eröffnete Herr Generalsuperintendent Dr. *Ernst*, begleitet von dem ersten und zweiten Pfarrer der Marktkirchen-Gemeinde, welche die Altar- und Kanzelbibel der Ringkirche trugen; die vasa sacra (sakrales Silbergerät) wurden von den jüngeren Pfarrern der Gemeinde getragen. Daran schlossen sich viele auswärtige Geistliche im Ornat, die Kirchenvorstände, Gemeinde-Mandanten, die Teilnehmer den staatlichen und städtischen Behörden und sonstige geladenen Ehrengäste, Deputationen der Bauhandwerker u.s.w. Der Einzug in die Kirche erfolgte durch das westliche Portal. Vor demselben empfing der Baumeister, Prof. *Otzen*, den Zug, überreichte nach einer christlichen Ansprache dem Generalsuperindenten den vergoldeten Schlüssel der Kirche[234], welchen Bauführer *Grün* auf samtenem Kissen präsentierte. Dr. *Ernst* übernahm im Namen des Kirchenregiments mit dem Schlüssel die neue Kirche, übergab den Schlüssel darauf dem ersten Pfarrer der Ringkirche, welcher im Namen des dreieinigen Gottes die Türe (die links im Westportal) aufschloß, worauf der Einzug erfolgte. Das Schiff der Kirche war leer, nur schon Kgl. Hoheit, Frau Prinzessin Luise von Preußen[235], hatte ihren reservierten Platz vorher eingenommen. Ebenso waren die Emporen von solchen Gemeindegliedern, welche sich vorher Karten erbeten hatten, besetzt, auch der Kir-

---

[234] Wurde von Otzen am 18. Oktober nach Wiesbaden geschickt, dort vergoldet und nun übergeben. Otzen an Grün, Quellenband 2, Seite 117.
[235] Luise Großherzogin von Baden (1838-1923) war die Schwester von Wilhelm II. Sie musste nur von Karlsruhe anreisen und war lange mit ihrem Vater, Wilhelm I., im Koblenzer Schloss zuhause.

chenchor und die Posaunenbläser hatten sich inzwischen auf der Sänger-bühne aufgestellt. Der Weihe-Gottesdienst vollzog sich daraufhin genau nach dem festgestellten, vom Herrn Generalsuperintendenten genehmigten Programm, wie es die umstehende Fest-Ordnung wiedergibt. Dieselbe lag auf jedem der 1.400 Sitzplätze der Kirche und wurde von den Teilnehmern als Andenken mitgenommen."

Heinrich *Schlosser*, der zum 25jährigen Jubiläum der Ringkirche nach dem Ersten Weltkrieg eine Festschrift verfasst hat, berichtet von der Übergabe der Kirchen-Baustelle an die Kirchengemeinde:[236] Danach hat *Otzen* die folgenden Worte gesprochen:

„So ist denn der feierliche Augenblick gekommen, an dem diese zur Ehre Gottes erbaute Kirche ihrer heiligen Bestimmung übergeben wird. Als Ver-treter von Wissenschaft und Handwerk drängt es mich, dafür Zeugnis abzu-legen, dass die Arbeiter ihre Pflicht erfüllt haben, oft bei geringem Lohn und oft mit Gefahr für Leib und Leben.[237] Ich kann ihnen keinen anderen Lohn geben, als dies öffentlich auszusprechen und von ganzem Herzen zu danken. Ich muß sodann die Hoffnung aussprechen, dass von der Liebe, die in den Bau hineingetragen worden ist, die Steine ein klein wenig zu Ihren Herzen reden möchten. Ich habe in erster Linie Gott zu danken für die gnädige Führung, den hohen Staatsbehörden und der Gemeinde Wiesbaden, dass sie der deutschen Kunst Gelegenheit gegeben haben, ein neues Denkmal kirch-lichen Charakters zu errichten. Damit geben wir Bauleute dieser Kirche, dem Kinde unserer Lust und Schmerzen, unseren Segen mit auf den Weg der Jahrhunderte und wünschen, dass niemals andere, denn reine Herzen und reine Hände darin des Wortes und der Sakramente walten! Möchten alle, die mühselig und beladen durch ihre Pforten treten, getröstet und gelabt von dannen ziehen!" Weiter heißt es in Schlossers Festschrift:

---

[236] Heinrich Schlosser: Schlichtheit, Einfachheit und Monumentalität. Wies-baden, 2006.
[237] In der Tat unterstützt der Kirchenvorstand die Familie eines am 20. August verunglückten Steinhauers mit 25 Mark. Protokoll vom 24. September 1894.

„Damit übergab Geheimrat *Otzen* den kunstvoll gearbeiteten Schlüssel der Kirche dem Generalsuperintendenten D. *Ernst*.

Am Nachmittag fand im Saal des Hotels Adler ein Festmahl statt, an dem gegen 100 Personen teilnahmen. Die Reihe der Trinksprüche eröffnete Konsistorialpräsident *Opitz*[238] mit einem Hoch auf den Kaiser. Generalsuperintendent D. *Ernst* brachte seinen Festgruß der Neukirchengemeinde, Pfarrer *Friedrich* gedachte des Baumeisters Professor *Otzen*. Dieser antwortete in längerer Rede, in der er seine Auffassung von der Eigenart der kirchlichen Baukunst aussprach: sie habe die Gemüter vorzubereiten für das, was sie in der Kirche empfangen sollten. Der Reichtum architektonischer Schönheit, der über die neue Kirche ausgegossen sei, solle doch den einfachen schlichten Gedanken nicht verhüllen, dass man darin zusammenkomme, Gott zu verehren. Durch die Gewalt der heiligen Kunst solle vielmehr der Mensch aus dem Druck des äußeren Lebens und täglichen Treibens in den Bann dieses großen ersten Gedankens gezwungen werden. Der Redner schloß mit einem Hoch auf die gesamte evangelische Kirchengemeinde Wiesbaden. Als deren Vertreter dankte Pfarrer *Bickel*, indem er wieder den Ehrengästen, den Vertretern aller Behörden für ihre Unterstützung des Baus den Dank aussprach.

Amtsgerichtsrat *de Niem* widmete Worte des Danks dem Vater das „Wiesbadener Programms“, Pfarrer Emil *Veesenmeyer*, und wies auf die neue Wege weisende Eigenart der Kirche hin. Pfarrer *Veesenmeyer* endlich gedachte aller Meister, Gesellen und Lehrlinge, die in treuer redlicher Arbeit das große Werk gefördert hätten.“

So findet die Hierarchie der alten Meister und jungen Emporkömmlinge zuletzt noch einen deutlichen Ausdruck in der Platzierung der Grußworte: *Veesenmeyer* hat das letzte Wort.

---

[238] Hermann Opitz war von 1892- 1895 Konsistorialpräsident in Wiesbaden.

XVIII. Das Wiesbadener Programm wird prominent, -
der erste Pfarrer mäkelt, -
die Kirchturmuhr tickt...

Wir gehen noch einmal zurück an den Vortag der Einweihung der Ringkirche, den 30. Oktober 1894, und lesen das Neueste in der Tagespresse, im „Rheinischen Kurier". Eine außerodentlich gründliche architekturgeschichtliche Würdigung wird hier abgedruckt, die das Format einer Tageszeitung um ein Erhebliches überschreitet. Der Autor lässt sehr gründliche Vorkenntnisse der architektonischen Einordnung und der Baugeschichte der Ringkirche erkennen. Ob es sich auch hier um einen Beitrag aus der Feder des Herausgebers der Deutschen Bauzeitung handelt, K.E.O. *Fritsch?* Jedenfalls erfahren wir, dass nun die dritte evangelische Kirche Wiesbadens endgültig den Namen „Ringkirche" tragen wird. Und dass sie „in unserer Zeit ein Wahrzeichen des Erwachens und des bewußten Wollens auf kirchlichem Gebiet" geworden sei.[239]

Auch lesen wir, dass die beiden gerüsteten Kämpfer am Ostportal von der Spende des Großherzog *Adolph* von Nassau bei der Einweihung noch nicht auf ihren Posten standen, sondern erst am 9. Dezember 1894 zum 300. Geburtstag Gustav Adolfs, der in Stockholm am 9. Dezember 1594 geboren wurde, diesen beziehen werden.[240]

Obwohl der Prospekt des Orgelgehäuses nach dem damaligen Pressebericht hätte von der Ludwigsburger Firma Walcker geliefert werden sollen, wurde

---

[239] Rheinischer Kurier Nr. 300, 30.10.1894, Quellenband 1, Seite 347ff.
[240] Vgl. ebd. Quellenband 1, Seite 351.

er nach diesem Beitrag von der Wiesbadener „Dampfschreinerei" Gebrüder *Neugebauer* errichtet.

Die Zahl der Sitzplätze wird hier mit 1.340 beziffert. Die Ringkirche hat nach Reduktion einiger Bänke auf der Orgelempore und in Altarraumnähe heute – 2021 – nur noch 1.030 Sitzplätze zu bieten.

Bei der Heizung verlässt man sich in der Hauptsache auf Radiatoren, nicht auf Luftzirkulation. Allerdings sind entsprechende Luftschächte bis heute im Eingangsbereich und in der Sakristei eingebaut: „Die Heizung, deren Röhren durch die ganze Kirche gehen, im Unterstock unter den Fußbänken sich hinzieht, im Oberstock an den Wänden geführt ist, ist eine Mitteldruck-Warmwasserheizung und liefert eine angenehme, gleichmäßig verteilte Wärme, welche die unangenehm empfundene Luftzirkulation, zum Beispiel in der Marktkirche, ausschließt."[241]

Am 3. November schließlich gibt die „Orgel-Bau-Commission" unter der Leitung von *Veesenmeyer* noch ein Gutachten über die eingebaute Walcker-Orgel ab, nach einer „mehrstündigen gründlichen Prüfung, das mit vortrefflich bewertet wird. Kleinere Kritikpunkte versprach Eberhard *Walcker* noch zu richten, sodass man sich darauf einigte, dass die Orgel der künstlerischen Leistungsfähigkeit der Fa. Walcker „das beste und ehrendste Zeugniß" ausstellt.[242] – Allerdings wird man später den Ladedruck der Orgel erhöhen, weil ihre Lautstärke bei vollbesetzter Kirche nicht ausgereicht hat.

Der theologisch rechtsgerichtete Lothar *Friedrich* als erster Pfarrer der neuen Kirche, die in aller Welt als neuer fortschrittlicher Impuls des protestantischen Kirchbaus gefeiert wird, beschwert sich über Fehler und Mängel der Ringkirche, „welche sich beim Gebrauche in bedauerlicher Weise herausgestellt haben, bedürfen, soweit sie nicht irreparabel sind, schleunigster Abhilfe und werden eines nicht unerheblichen Kraftaufwandes *bedür-*

---

[241] Rheinischer Kurier, a.a.O., Quellenband, Seite 353,
[242] Gutachten über die neue Orgel, 3.11.1894, Quellenband, Seite 354ff.

fen."[243] Allein dieses Schreiben zeigt, dass die Entscheidung der Kirchenobrigkeit, *Friedrich* zum Ersten Pfarrer an der Ringkirche zu machen, falsch war. Aber bis zu seinem Tode im Jahr 1909 wird er ihr treu bleiben. In der Pfarrchronik konkretisiert er die angedeuteten Probleme der ersten Monate. Damit beendet er seine Einträge in die Pfarrchronik für immer:[244]

„Diese Sängerbühne, die Achillesferse der Kirche, welche sich sehr bald für den Gebrauch als verfehlt erwies, bedingte die jetzt vorhandenen toten Räume zur Rechten und Linken der Sakristei, das weite Zurückliegen der Orgel, welche erst in gewisser Entfernung sichtbar wird.[245] Das Portal nach Osten, welches der Baumeister auf Drängen des Kirchenvorstandes vorsah,[246] erwies sich schon bei der ersten Benutzung als verfehlt und wurde sofort für den gottesdienstlichen Gebrauch geschlossen, da der Zugang erst über den Altarraum ging, um zu den Sitzen zu gelangen; außerdem entstand unerträgliche Zugluft, und so sah sich der Kirchenvorstand sehr bald veranlaßt, sämtliche Eingänge an der Ostseite nur zur Entleerung der Kirche öffnen zu lassen.

Ebenso muß das Oberlicht der Kirche als misslungen erklärt werden, namentlich, soweit dasselbe für die künstliche Beleuchtung in Anspruch genommen werden sollte. Die starken, aufgehäuften Beleuchtungskörper[247] erwiesen sich als gänzlich unzureichend, es mußten später die jetzigen Lichterarme angebracht werden, welche noch immer eine splendite [sic!] Beleuchtung nicht ergeben. Die über dem Oberlicht angebrachten Lampen wurden später als zwecklos und nicht ungefährlich gänzlich entfernt. Auch die Hei-

---

[243] Friedrich an Bickel, 12.11.1894, Quellenband, Seite 358.
[244] Pfarrchronik, Seite 12 f, in der von Gmelin erfassten Version, Seite 4.
[245] Sie soll ja auch gehört, nicht gesehen werden!
[246] Hier mag F. recht haben: Nicht immer erzielt die Einmischung der Berufsfremden eine Besserung...
[247] Später wurde noch mit elektrischen Bogenlampen experimentiert, die zwar hell sind, aber das grüntönige stark resorbierende Glas des Oberlichts auch nicht ausreichend durchdrangen. Danach wurden an den Emporenwänden Schwanenhals-Gaslichter mit dem typischen schrillen Licht montiert.

zung (Niederdruck—Warmwasserheizung[248]) machte anfänglich viele Not. Die aufsteigende warme Luft kühlte sich an den großen Fensterflächen am Oberlicht erheblich ab, senkte sich wieder, und so entstand in der Kirche eine unerträgliche Zugluft.[249] Die Anlage von Windfängen am Haupteingang im Westen beseitigte den Zug nicht. Erst, nachdem mit dem Heizen bereits am Samstagmittag begonnen wurde und sämtliche Eingänge zu den Emporen mit festen Türen versehen wurden, besserte sich der erwähnte *(Miss)-*stand (unleserlich)." Vermutlich war *Friedrichs* letzte Kirche ganz ohne Heizung - und dadurch auch ohne Zugluftprobleme. Statt sich über die neue Bequemlichkeit und den großen technischen Aufwand zu freuen, wird gemäkelt. Eine Einstellung, die auch heute noch beliebt ist!

Der Magistrat der Stadt Wiesbaden sagt der Gesamtgemeinde zu, dass die Stadt für die Restzahlung der Kirchturmuhr aufkommen und bis auf Widerruf auch den Unterhalt der Uhr übernehmen wird: Jährlich 145 Mark, wovon der Fabrikant Wagner 45 Mark bekommt und der Küster Lenhardt 100 Mark für das regelmäßige Aufziehen. Dazu mussten gewaltige Gewichte mit einer Kurbel etwa ein Turmgeschoss hoch geleiert werden. Gewichte und Kurbel samt mechanischem Uhrwerk sind noch vorhanden, allerdings ohne Funktion. Stadtbaumeister *Genzmer* muss daran erinnern, dass die Gemeinde für den Einbau der Kirchturmuhr – noch mit schiefernem Zifferblatt und goldbronzenen römischen Zahlen – 1000 Mark zu zahlen hat.[250] Da das Zifferblatt 45 Mark teurer wurde als von Bauleiter Friedrich *Grün* ursprünglich veranschlagt, stellt die Stadt der Kirchengemeinde diesen Betrag noch in Rechnung

Am 30. Januar 1895 bildet der Gesamtkirchenvorstand eine Kommission, wie das Baugelände zu parzellieren und zu verkaufen sei. Im April schließlich

---

[248] Mitteldruck-Warmwasserheizung hätte es heißen müssen…

[249] Das beweist nur, dass die Heizung gut funktioniert hat und die Regeln der Physik auch in der Ringkirche gelten.

[250] Vgl. Genzmer an Bickel, 25.4.1895, Quellenband, Seite 361.

drehen sich Korrespondezen mit der Stadt um die Beleuchtung des Geländes um die Ringkirche und um den Straßenausbau.[251]

Für die Einrichtung einer Schmuckanlage mit Rabatten stellt die Stadt noch 504,56 Mark in Rechnung. Die Bepflanzung für 70 Mark spendiert sie der Kirchengemeinde.[252] Die Dokumente enden mit der Abrechnung für die Zieranlage. Es wurde verzichtet, den Fortgang zu dokumentieren, da auch die Parzellierung und der Verkauf der Restgrundstücke von viel Ärger überschattet war. Ein Amtsanwalt Lemp wurde als Käufer zugelassen, der es sich offenbar angelegen sein ließ, eine gewaltige Flut von Beschwerden und Klagen zu produzieren. Diese Unterlagen hat der Herausgeber gern wieder aus der Hand gelegt. Denn sie haben mit dem Bau der Ringkirche nur noch wenig zu tun. Sie zeigen aber auch in dieser Phase, wieviel Zeit, Kraft und Nervenkostüm diese Baustelle für alle Beteiligten gekostet hat. Auch als das Gebäude schon stand und seinen Dienst verrichtete, als Gebets- und Versammlungshaus der Gemeinde, als Predigtkirche und – trotz *Sulze* und *Veesenmeyer* – Gotteshaus für die spirituell Suchenden und schließlich als Beispiel für die sich nach Lösungen sehnenden Visionäre des protestantischen Kirchenbaus.

---

[251] Strasburger an Bickel, Januar 1895, Quellenband 1, Seite 359f.
[252] Vgl. Oberingenieur Ritter an Gesamtgemeinde, 4.2.1896.Quellenband 1, Seite 364f.

Die Ringkirche im Jahr 2017 aus Nordnordwest. Ihr Bau bietet einen Abschluss der Rheinstraße, ist städtischer Wegweiser, Kennzeichen für ihr Stadtviertel, Zeichen für die christliche Orientierung ihrer Bauepoche und bis heute lebendiger Treffpunkt für Gemeindeglieder und Eventraum für aufgeschlossene Menschen. - Aber sie hat nicht aufgehört, Predigtkirche, Gebets- und Gotteshaus zu sein.

Und das seit 1894.

XIX. Fazit

Auch die genaue Durchsicht und teilweise Herausgabe der Bauakten löst nicht alle Rätsel, vor die uns ein Kirchenbau stellt, der in der Geschichte der evangelischen Kirchenarchitektur eine prominente Stellung einnimmt.

Von wem stammt das Wiesbadener Programm?

Die Literatur spricht hier gern von einer Kooperation von *Veesenmeyer* und *Otzen*. Das ist zumindestens nicht ganz genau. Wie wir oben dargelegt haben, ist der Autor des Grundkonzepts Emil *Sulze*, angereichert mit einigen praktischen Veränderungen, die der Tatsache geschuldet sind, dass *Sulze* an kleine einstöckige Betsäle denkt, die für kleine Gemeindeeinheiten gedacht sind, während in Wiesbaden ein Monumentalbau für über 1000 Menschen geplant wird. Der *Sulze*-Leser Pfarrer Emil *Veesenmeyer* kombiniert die Konzepte von Emil *Sulze* und ergänzt sie mit Haltungen von Friedrich *Spitta* zur Erneuerung der Kirche und Vitalisierung ihrer Gottesdienste. Er fasst das Konzept von *Sulze* – ohne es in seiner ideologischen Radikalität ganz ernst zu nehmen - in ein kurzes Thesenpapier und entspricht damit den Plänen des Wiesbadener Ersten Pfarrers, Karl *Bickel*. Es gelingt den beiden, den Kirchenvorstand zu ermutigen, dieses neue Konzept für die Architektur einer Kirche umzusetzen. *Otzen* nimmt das Thesenpapier zur Kenntnis und prüft es auf seine praktische Qualität, die nicht ohne Mängel ist. Damit wird z.B. der Verzicht auf Emporen, oder die absurde Forderung, dass alle Besucher in die gleiche Richtung geradeaus schauen sollen, hinfällig. Am Ende dieser Revision bleibt ein sehr brauchbares Raumkonzept, das sich für den evangelischen Kirchenbau gut eignet, was *Otzen* mit der Ringkirche auch überzeugend unter Beweis stellt. Insbesondere der Verzicht auf eine Festlegung der zuvor etwa 50 Jahre lang hauptsächlich diskutierten Stil- und

Dekorationsfrage gibt dem Wiesbadener Programm eine hohe Flexibilität, auch noch in Zeiten umgesetzt zu werden, die anderen Moden oder Geschmacksrichtungen anhängen. So hat Otto *Bartning* seine Notkirchen, die nach dem Zweiten Weltkrieg als Ersatz für die kriegszerstörten Kirchenbauten geschaffen wurden, nach dem Wiesbadener Programm konzipieren können, obwohl deren Architektur eher von Industriegebäuden als von Kathedralen abgeleitet war.

Das Wiesbadener Programm wurde erfolgreich, weil Ende des 19. Jahrhunderts Kirchenbauten für Gemeinden z.B. in Berlin oder Hamburg errichtet wurden, die mehr als 50.000 Gemeindeglieder hatten. Sie erreichten damit eine Größe, die mit der menschlichen Stimme eines Pfarrers nicht zu bewältigen waren. In solchen Kirchen nahmen Menschen wahr, dass da ein Gottesdienst stattfindet, ohne zu verstehen, worum es dabei ging. Bei den kirchlich Konservativen passt das zu einer „katholisierenden" Einstellung, die die Teilnahme am Gottesdienst als Unterwerfung unter die – kaiserlich-kirchliche – Obrigkeit als Zweck des kirchlichen Handelns gesehen hat. Wer an der Bedeutung des Gottesdienstes für den Glauben festhält, muss ein solches - politisch aktuelles - monumentales Prozessionskirchenmodell ablehnen. Darum hätten Lutheraner gute Gründe, ein Konzept wie das „Wiesbadener Programm" zu beachten und gutzuheißen. Die süddeutschen unter ihnen befürcheteten indessen wohl, damit der Hegemonie der gewaltigen preußischen Union zu unterliegen. Norddeutsche Lutheraner hatten offenbar kein Problem mit dem Wiesbadener Programm.

Welcher „Ärger", welche „Schwierigkeiten in den Entscheidungsgremien"?

Dass es nicht zu einer Grundsteinlegung kam, wertet Peter *Genz* als Zeichen, dass es „Schwierigkeiten in den dortigen Entscheidungsgremien" gab, die dem „Fortgang der Bauarbeiten mit Sicherheit nicht förderlich waren"[253]

---

[253] Peter Genz, Das Wiesbadener Programm, etc., 77.

und zitiert hier den Verfasser. Nach Durchsicht der Akten ergibt sich ein neues Bild:

Ein Streit um die Grundsteinlegung ist in den überkommenen Akten nicht erkennbar. Die Wahrscheinlichkeit ist groß, dass der unter hohem Druck stehende Johannes *Otzen*, der in dieser Zeit auch mehrere Krankheiten zu überstehen hat, froh war, für einen solchen Termin nicht nach Wiesbaden reisen zu müssen. *Veesenmeyer* fragt am 27. Mai 1892 wegen der „einzumauernden Bleiplatte" bei *Otzen* an: Er bittet ihn um seine Zustimmung und fragt, was auf die Platte draufkomm solle. Zuletzt, wo dieselbe gemacht werden kann. Es ist keine Antwort überliefert – aber auch kein Thema für einen aktuellen Streit. Am 28. September 1892 fand ein Schlußsteinfest statt, zu dem der neue Kirchenvorstand nicht eingeladen wurde, der sich als reguläre Vertretung der Neukirchengemeinde fühlte und sich gegenüber der Gesamtgemeinde bitter beschwert hat. Eine Bleiplatte braucht man indessen dafür i.d.R. nicht... (KV Protokoll vom 1. Oktober 1892) Der Grund für diesen Streit lag weniger in der Ringkirche oder ihrem Konzept, sondern in der Gleichzeitigkeit, mit der die Gesamtgemeinde von sich drei Einzelgemeinden abspaltete. Alter Bauherr war die liberale Gesamtgemeinde. Sie agiert auch danach noch immer autonom. Allerdings: Mittlerweile gibt es eine obrigkeitlich angeordnete „Neukirchengemeinde" mit positiv-reaktionärem Vorstand und größerer Gemeindevertretung, die nicht ohne Recht nun die Verantwortung für die Ringkirche übernommen hat. Diese neue Lage bleibt nicht ohne Spannungen...

Die lokalen Gerüchte, dass es viel Streit gab, sind nicht falsch. Otzen schreibt am 8. September 1894 an Friedrich Grün: „Die unglückliche Ringkirche ist ja wohl bestimmt, bis zu ihrer Vollendung eine Kette von Fatalitäten zu bilden!"[254] Aber sie haben weniger konfessionelle Gründe, obwohl der eine oder andere echte Wiesbadener die falsche Aussage, Wiesbaden habe reformierte Wurzeln, hätte durchschauen können (s.u.). Stattdessen scheint es

---

[254] Otzen an Grün, 8.9.1894, Quellenband 2, Seite 79.

sich nach Durchsicht der Bauakten um einen klassischen Generations-konflikt zu handeln: Die Jungen – in Person der beiden Freimaurer *Veesenmeyer* und *Lang* und vielleicht noch der Jurist Georg *de Niem* – versuchen dem Altpfarrer Karl *Bickel* klar zu machen, dass er der neuen Zeit nicht mehr gewachsen ist und drängen ihn nach Kräften heraus. *Bickel* re-signiert als Chef der Baukommission, bleibt aber als Erster Pfarrer und Herr-scher über das Budget im Ring. *Otzen* kennt *Bickel* seit Jahrzehnten und hält sich im Zweifel an ihn. Die Revolution der Jungen ist ins Leere gelaufen. Dafür rächt sich *Veesenmeyer*, indem er in den prahlerischen Darstellungen seiner Verdienste um das Wiesbadener Programm und die Ringkirche die Namen von *Bickel* und *Otzen* meidet. Im Hinblick auf die theologische Zukunft sind sich *Bickel* und *Veesenmeyer* völlig einig. Ihr Blick ist auf Emil *Sulze* und dessen Gemeindetheologie sowie die Forderungen der älteren li-turgischen Bewegung gerichtet. Folgerichtig wird die Wiesbadener Gesamt-gemeinde mit Wirkung vom 12. April 1892 in besagte Einzelgemeinden auf-geteilt. Und die Ringkirche wird als gemeindetheologischer Monumen-talbau – fast – im Sinne *Sulzes* errichtet, allerdings zu groß, mit Anlehnung an Forderungen der älteren liturgischen Bewegung, zum Beispiel nach aufwendigen Musikdarbietungen. Später kommt hinzu, dass dem liberal / vermittlungstheologisch orientierten Gesamtkirchenvorstand ein Neukir-chen-Vorstand unter Lothar *Friedrich* engegengesetzt wird, der der kirch-lichen Rechten zugeneigt war.

Das Wiesbadener Programm: Lutherisch oder reformiert?

Erfolg hat das „Wiesbadener Programm", das Emil *Veesenmeyer* für die Wiesbadener Ringkirche veröffentlicht hat, nach den meisten Autoren vor-nehmlich bei der Planung und Entwicklung von reformierten Gemeinde-kirchen. Ohne den Anspruch auf Vollständigkeit hat Peter *Genz* 54 Kirch-bauten nach dem Wiesbadener Programm von 1891 bis 1930 aufgelistet, deren Summierung indessen überrascht:

18 reformierten Kirchen stehen 17 unierte und 17 lutherische gegenüber. Eine Kirche war im Rahmen einer Ausstellung entstanden und eine diente als Garnisonskirche.[255] Ziemlich ausgeglichen! Auch im lutherischen Lager spürt man, dass das Wiesbadener Programm helfen wird, die Krise des Historismus zu überwinden, die auch *Otzen* schon gesehen und im Jahr 1900 auch ausgesprochen hat: „Diese Überwucherung ist grösstenteils eine Folge der maßlosen historischen Produktion; sie lässt es nicht mehr zu einer solchen Beherrschung der Formen kommen, dass eine Weiterentwicklung an modernen Aufgaben und neuen Materialien möglich ist."[256]

Polemiken wie die Anwürfe des württembergischen Prälaten und Generalsuperintendenten Heinrich von *Merz* 1892 in dem von ihm herausgegebenen „Christlichen Kunstblatt", dass die Ringkirche und das ihr zugrundegelegte „Wiesbadener Programm" die sakrale Würde des Altars nicht hinreichend würdige, wenn ihre Architektur als „Predigtkirche" allein die Predigt in den Mittelpunkt rücke, haben im lutherischen Lager vielleicht in Süddeutschland Wirkung entfaltet. Sie wenden nun das konfessionalistische Verdikt *Veesenmeyers* gegen dessen eigenes Konzept, denn dieses passe „wohl für den reformierten, nicht aber zu dem lutherischen" Gottesdienst.[257] Dass diese Betrachtung Kind einer betriebsblinden Ideologie ist, zeigt der Vergleich der Kircheninnenräume. In der Ringkirche beherrscht der Altar den Blick von allen Seiten, während viele alternative Konzepte im 19. Jahrhundert, zum Beispiel die „rechte" Zweiraum-Theologie den Altar der Gemeinde entwindet, entfernt und entfremdet. Auch war die noch direktere Verbundenheit von Altar und Kanzel im Kanzelaltar in der Barockzeit völlig unwidersprochen Teil auch von lutherischen Kirchen. Karl *Dienst* sah darin durchaus eine Betonung des Wortes, das zu Luthers sola scriptura passt: „Bei

---

[255] Peter Genz: Das Wiesbadener Programm, etc. – Garnisonskirche Seite 76.
[256] Vortrag Otzens vor der Vereinigung Berliner Architekten am 1. März 1900, Deutsche Bauzeitung, 34/1900, Seite 143ff. Zitiert nach Genz, Wiesbadener Programm, 23.
[257] Heinrich von Merz, Ein neues Dogma, 1892, zitiert nach E. Seng, Der Evangelische Kirchenbau etc., 332.

letzterem sind vor allem die weitere Reduktion des Festkalenders, die Subjektivierung der Kasualien (Familienfeiern!), die Betonung anthropologischer und familialer Aspekte und die (z.B. im „Kanzelaltar" manifeste) Mittelpunktstellung der Predigt im evangelischen Gottesdienst, der seit der Aufklärung in erhöhtem Maße als Predigtgottesdienst gestaltet wurde, festzustellen. Mag auch das Wesen des Protestantismus eher als Lebensform, eine Haltung, ein Ethos und weniger als Kult umschrieben werden: Der öffentliche Kultus bleibt auch im Protestantismus zumindest in der Pfarreroptik bis heute das Kennzeichen der Kirche in der Öffentlichkeit, was (besonders seit dem Pietismus im ausgehenden 17. Jahrhundert) die Entfaltung individueller Erbauungsformen nicht ausschließt."[258] – Um einen Kanzelaltar handelt es sich streng genommen bei kaum einer Kirche, die nach dem Wiesbadener Programm gebaut wurden, da die Altäre in der Regel freistehen – trotz der in der Literatur gern benutzten Wendung.[259] Das bedeutet, dass die Gemeinde im Kreis um den Altar ihr Abendmahl einnimmt, mit einer Intensität, die kaum zu steigern ist (außerhalb von Pandemiezeiten).

Der weitgehend unsachliche und polemische Ton auf dem vom Berliner Architektenverein durchgeführten Kirchbautag 1894 beweist, dass es nicht in erster Linie um ein Gespräch über Kirchbauformen geht, sondern dass es sich zwischen süddeutschen Lutheranern und der mächtigen Union um Kirchenpolitik handelt. Die kleine nassauische Union, obwohl sie ein Jahr älter ist als die preußische, wurde offenbar außerhalb von Nassau nirgendwo zur Kenntnis genommen, zumal Nassau seit 1866 zu Preußen gehörte – wie das Rheinland. – Und das *war* reformiert! Norddeutsche Lutheraner haben das Wiesbadener Programm mit großer Gelassenheit nicht nur akzeptiert, sondern auch ihren Bauprojekten zugrundegelegt.

---

[258] Karl Dienst, Miniaturen einer nassauischen Kirchengeschichte, Zu nassauisch-protestantischer Frömmigkeit (Art.) Ms. für das Joural für Religionskultur Nr. 165, 2012, 68.
[259] Mit Ausnahme der Hauptkirche in Rheydt / Mönchengladbach.

Überprüfen wir die Behauptung, die *Bickel* gegenüber *Otzen* aufstellt: „Unsere Kirchengemeinde ist eine unierte, aber mit starker Neigung zur ursprünglich reformierten Richtung"[260]. Vielleicht hat Bickel damit gemeint, dass allgemein zu den Wurzeln von unierten Kirchen auch die reformierte Richtung gehöre. Man versteht indessen diesen Satz leicht so, als habe vor der Union in Wiesbaden eine reformierte Konfession geherrscht. So auch Fritsch in seinem Aufsatz über die Ringkirche: „Anscheinend ist es der in den rheinischen Gemeinden trotz der Union noch vielfach lebendig gebliebene Geist ihres ursprünglich reformierten Bekenntnisses."[261]

Diese Lesart hält einer Überprüfung nicht Stand: Wiesbaden hatte erste Kontakte zur lutherischen Lehre bereits in den 1520er Jahren. *Philipp* der Altherr (1491-1558) ließ kein großes Interesse an der Reformation erkennen, wurde aber mehr und mehr umzingelt von evangelischen Landesherrn, bis er 1542 anordnete, dass in Wiesbaden „nur an den in der Schrift gegründeten christlichen Festen mit Gottes reinen verständlichen Worten" gepredigt werden solle. Nachdem das Interim von 1548 bis 1552 mit seinen Vertreibungen von lutherischen Pfarrern vorbei war, wird der Wiesbadener Reformator Nicolaus *Gompe* berufen. Dieser führte die Reformation durch und eine Kirchenordnung ein und hielt Wiesbaden in der lutherischen Lehre. Reformiert wurde indessen 1577/1578 Nassau-Dillenburg und wechselte zum Calvinismus.[262] *Philipp* der Jungherr, der seinem Vater nachfolgte, sorgte hingegen im Süden Nassaus für die Festigung der lutherischen Reformation in seinem Herrschaftsbereich. 1605 starb die Linie der Idstein-Wiesbadener aus und die Grafschaft fiel an Nassau-Weilburg.[263] Bis zur Idsteiner

---

[260] Bickel an Otzen, 17.12.1890, Quellenband 1, Seite 92. Bickel an Otzen am 4. 11. 1890. Quellenband 1, Seite 53. So auch die Mittelrheinische Zeitung am 30.10.1894. S. 347ff.

[261] Fritsch, K.E.O. Dritte Evangelische Kirche, Deutsche Bauzeitung,30.5.1891, Quellenvand 1, Seite 135.

[262] Vgl. Karl Dienst, Kurze Geschichte der Nassauer Lande, a.a.O, 19.

[263] Vgl. zu diesem: Hermann Otto Geißler: Nicolaus Gompe von Rauenthal (1523-1594) und die Reformation in der Grafschaft Nassau-Idstein/Wies-

Union von 1817 blieb der Wiesbadener Teil Nassaus lutherisch – in einer toleranten vielleicht etwas laxen Form. Die Konfessionsgeschichte des gesamten Nassauer Landes ist ein kunterbunter Teppich mit vielfach dynastisch-konfessionell kurzlebigen Gebietsfetzen.

Die historisch verstandene Aussage *Bickels* zwecks Förderung des neuen Wiesbadener Kirchenbau-Programms ist falsch: Eine lokale reformierte Tradition hat es in Wiesbaden niemals gegeben. Allerdings stammte Karl *Bickel* aus Runkel, das lange vor seiner Geburt einmal kurz vom reformierten Haus Nassau-Oranien beherrscht wurde. Der aus dem lutherischen Württemberg stammende Emil *Veesenmeyers* begründete seine reformierten Instinkte mit einigen Jahren im reformierten Schwetzingen. Mit Wiesbaden haben diese persönlichen Reminiszenzen nichts zu tun. *Bickel* und *Veesenmeyer* zeigen beide Sympathien für Emil *Sulzes* Gemeindekonzept. Auch wenn *Sulze* selbst mehr *Luther* als *Calvin* zitiert, stammt er wie sein theologischer Urahn, Friedrich Daniel *Schleiermacher*, aus der theologischen Umgebung der Brüdergemeinde. Diese stand zwar auf der Grundlage des lutherischen Augsburger Bekenntnisses, war aber immer offen für reformierte Einflüsse. Hier könnte allenfalls eine Verbindungskette zwischen der sich in Nassau aufbauenden theologischen Mitte, den „Vermittlungstheologen" die auf *Schleiermacher* zurückgehen, den beiden Wiesbadener theologischen Vätern der Ringkirche, *Bickel* und *Veesenmeyer*, und der späteren Bedeutung der Ringkirche als nassauischer Hort des „Evangelischen Bundes"[264] zu finden sein.

Die übertrieben wirkende antikatholische Haltung *Veesenmeyers* mag auf ähnlichen Quellen wie Friedrich *Spitta* zurückzuführen sein, der wiederum

baden. In: Jahrbuch der Hessischen Kirchengeschichtlichen Vereinigung, Band 68/2017, 154 ff.

[264] Der Evangelische Bund wurde 1886 gegründet, um konfessionellen Konflikten auf theologisch fundierter Grundlage zu begegnen. Seine ursprüngliche Richtung war die Vermittlungstheologie.

aus der Erlanger Schule Johann Christian *Hofmanns* stammte, eines Vertreters des Konfessionalismus.

Für die damalige Gegenwart in Nassau waren ohnedies die Kirchenparteien wichtiger, die nach dem Rechts, Mitte, Links Schema benannt waren. Ein Zeichen, dass man die Erbauer der Ringkirche nicht als Rechte betrachtete, ist die Tatsache, dass das traditionell rechte Königliche Konsistorium nicht den als links geltenden Pfarrer *Veesenmeyer* an die neuerbaute Kirche berief, sondern den rechten Pfarrer Lothar *Friedrich* als Direktimport aus dem pietistischen Nordnassau.

Der Einfluss der Freimaurer – Tatsache oder Spekulation?

Obwohl die Zahl der Freimaurer, die für das Bauprojekt der Ringkirche zuständig waren, mit vier Verantwortlichen von Bedeutung ist, kann ein Einfluss der Freimaurerei auf die Form und Gestalt der Ringkirche nicht zweifelsfrei nachgewiesen werden. In den Bauakten findet sich nicht ein Sterbenswörtchen zu den Logen und ihren Ideen, Kontakten oder Idealen. Leider ließ sich die Mitgliedschaft *Otzens* bei einer heute in Berlin oder Norddeutschland arbeitenden Loge bzw. Großloge nicht nachweisen.[265] Er könnte entweder in einer früheren Lebensphase Maurer geworden sein und seiner alten Eintrittsloge die Treue gehalten haben, er könnte einer Loge angehört haben, die heute nicht mehr existiert, – oder er hätte auch gar keiner Loge angehören können. Falls er Freimaurer war, hätte er wahrscheinlich bei Besuchen in Wiesbaden auch Kontakt zur Loge Plato gehabt. Aber das bleibt Spekulation. In den veröffentlichten Annalen der Loge[266] gibt es keinen Hinweis. – Ein Indizienprozess bringt in der Baudekoration der Ring-

---

[265] Stellvertretend für mehrere Archivare von Großlogen gilt mein Dank Stephan Zornow, der als zug. Meister vom Stuhl und Sekretär der Loge Friedrich Wilhelm zur gekrönten Gerechtigkeit in Berlin unschätzbare Recherchearbeit geleitet hat.

[266] Horst Stange, Freimaurer in Wiesbaden, Eigenverlag, 2002.

kirche viele Hinweise, aber keinen Beweis. Auch meine Vermutung, dass die Ostung der inneren Ringkirche masonische Motive hat, bleibt Spekulation. Dabei gibt *Otzens* fast ideales Nachfolgemodell einer Kirche nach dem Wiesbadener Programm, die Friedhofskirche in Wuppertal-Elberfeld (1894-1898), einen weiteren Beleg: Sie ist komplett genordet! Sollte Otzen einer dänischen Loge angehört haben, würde das begründen, warum seine Mitgliedschaft ein großes Geheimnis geblieben ist. Als Berater des deutschen Kasiers hätte diese Mitgliedschaft im Kontrast zu den dänisch-preußischen Beziehungen gestanden. Aber auch von Dänemark kamen keine entsprechenden Signale.

Ärger mit dem Bauführer

Auch wenn man in der chronologischen Lektüre der Bauakten manchmal Jacob *Lieblein* die Daumen drücken möchte: Er erweist sich schon sehr früh als Fehlbesetzung. *Otzen* unterstützt zunächst den vom Pech und / oder seiner Unfähigkeit verfolgten Kollegen, bevor er dessen Ablösung einleitet. *Lieblein* hat das Pech, dass sein Widerpart, der Frankfurter Baukonzern Philipp Holzmann groß und mächtig ist. *Otzen* hat auch noch eine andere Baustelle, die von diesem beliefert wird, in Ludwigshafen. Im Gegensatz zum dortigen Bauführer vermag *Lieblein* nicht, schlechte Steinqualitäten sofort zurückzuweisen und vor allem: Er gibt nicht rechtzeitig die Aufträge und Zeichnungen heraus, damit die Lieferungen pünktlich erfolgen können. Wir sind sicher: Holzmann hätte auch im günstigeren Falle nicht rechtzeitig geliefert, aber nun kann er auf einen Schuldigen verweisen: Jacob *Lieblein*. – Die Tatsache, dass sein Nachfolger Friedrich *Grün* damit keine Probleme hatte, weist hauptsächlich darauf hin, dass er weit weniger von Philipp Holzmann abhängig war. Grün schickt seine Wochenberichte und hat den Umgang mit einer Vielzahl kleinerer Lieferanten im Griff. Das kommt einem Stararchitekten wie Johannes *Otzen* sehr entgegen, der als Oberleitung gleichzeitig mehrere Projekte zu betreuen hat: Ein Stellvertreter, der die Baustelle bewältigt.

Wie zeitgemäß ist ein Gebäude wie die Ringkirche?

Die Zeit der großen Anschläge gegen Gebäude wie die Ringkirche ist vorbei. Auch für die Ringkirche gab es „Modernisierungspläne", ihre individuell gestalteten kostbaren Bänke gegen seelenlose Blechrohr-Alpträume zu tauschen. Dabei wäre auch der aufwändige ovale Verlauf der Bänke aufgegeben worden und durch zackig gerade Quasi-Moderne ersetzt worden. Beispiele wie die im Zweiten Weltkrieg nur wenig beschädigte Hauptkirche in Rheydt sind ein mahnendes und abschreckendes Beispiel.[267] Die „Restaurierungsarbeiten" (aber nicht an den Bänken!) hatten größeren Schaden angerichtet, als die Kriegseinwirkungen zuvor – abgesehen von den Dächern der Kirche. Olaf *Nöller* und andere brauchten 21 Jahre, um dem Kircheninnenraum wieder an seine „alte historische Raumfassung des Otzen-Baus anzunähern." Mit der dritten Generation von Glasfenstern von Thomas *Kuzio* hat sich die „teppichartige" Farbigkeit (Otzen) wieder dem alten Original angenähert. Die besondere Qualität gerade der Bauten von Johannes *Otzen* liegt in der Abstimmung aller Raumdetails. Das gilt funktional wie ästhetisch. Kleine Veränderungen haben oft große unbedachte Nebenfolgen im Gefolge. Auch neutrales Milchglas anstelle der reich dekorierten Farbfenster war für die, die es in die Wuppertaler Friedhofskirche einbauten, ein vorläufiger Schritt in die Moderne, während es bis 2005 öde Lichtverhältnisse schaffte und blendweiße neben schattenschwarze Flächen stellte. Bis 2017 dauerte der Fenstertausch mit moderner Motivik und etwas bleicher Farbigkeit. Auch hier ein großer Schritt in die Nähe der ursprünglichen Lichtwirkung im Raum. Zuletzt ist auch *Otzens* Heilig Kreuzkirche in Berlin-Kreuzberg im Innern ein interessantes Experiment, das aber die Originalität, Funktion und Ästhetik des früheren Innenraums völlig hinter sich gelassen hat. Sie wurde zum Multifunktions-Tagungshaus umgestaltet. Ob dessen Intention übereinstimt mit denen der dort verbauten Fenster von Johannes *Schreiter*?

---

[267] Vgl. Ev. Hauptkirche zu Rheydt 1902-2002, Festschrift zum 100. Jahrestag der Einweihung am 2. Dezember 1902. Herausgegeben vom Förderkreis, etc., Mönchengladbach, 2002, besonders die Seiten 82-99.

Die Wiesbadener Ringkirche – auch nach dem Ausbau der ersten vier Sitzreihen - ist ein Kirchenbau, der nach wie vor allen Anforderungen an eine moderne Großkirche gerecht wird. Ohne große Eingriffe in seine originale Bausubstanz. Der wichtigste Gesichtspunkt, nach dem Pfarrer in der Gründerzeit eine Kirche beurteilten, war die Akustik. Letztlich ist die Form der Ringkirche nach akustisch relevanten Maßen gebildet worden. Nach Erfindung des elektronischen Verstärkers und dessen fortschreitender Verfeinerung spielt dieses Kriterium keine Leitrolle mehr. Nach dem Diebstahl des Verstärkers mussten der Verfasser und sein Kollege für einige Wochen ohne Verstärkung Gottesdienste halten. Und: Es ging durchaus, auch wenn die Gemeinde gern zur sanfteren verstärkermodulierten Stimme des Predigers zurückgekehrt ist.

Ob dem heutigen Besucher jedes Detail der Dekoration oder Raumausstattung im Pathos des Wilhelminismus gefällt, ist Sache des persönlichen Geschmacks. Aber es ist dem Raum abzuspüren, dass er das Ergebnis einer sorgfältigen und einheitlichen architektonisch wertigen Gestaltung und Ausführung ist, getreu dem Bauprinzip von Otzens Lehrer, Wilhelm von *Hase*, „daß hier nichts als bloße Masse und dekorativer Teil oder nur als Raumausfüllung auftritt, sondern alles von der Construktion bedingt wird."[268]

Gottesdienste unter der Autorität der Heiligen Schrift, die Feier in verbindlicher Abendmahlsgemeinschaft, und kunterbunte Veranstaltungen wie Konzerte, zeigen eine ungebrochene Aktualität des Ringkirchenbaues. Er entspricht mit wenigen Einschränkungen für freie Sicht und gutes Verstehen der damals bedeutsamen Kategorie „Predigtkirche" perfekt. Die schiere Größe ist das einzige Problem: Mit Ausnahme vom Heiligen Abend könnte die Ringkirchengemeinde ihre Gottesdienste in einer sehr viel kleineren Kirche halten.

Zeitgenossen, die die fundamentalen Versuche von Staaten im 20. Jahrhundert in Erinnerung haben, ihre Bevölkerung gleichzuschalten – Deutsches

---

[268] Zitiert nach Bahns, Otzen etc., Seite 87f.

Reich im NS-Gleichschritt oder die UdSSR samt ihrer Vasallenstaaten –, graust es bei der totalitären Idee, die unter Richard *Rothe* und seinen Schülern, wie Emil *Sulze* voherrschte. *Sulze* schafft mit seinen gemeindekirchlichen Presbytern Blockwarte der christlichen Liebe und in vielen kleinen Betsälen wird der Gemeinde die Parole ausgegeben. Katechetische Moralpredigten teilen mit, wie der Einzelne zu handeln hat im Sinne einer verbindlichen Verpflichtung. Dies baut eine Brücke zu zwei Vorbildern *Sulzes*: Philip Jakob *Spener*, der die Kinder von der Polizei holen lassen wollte, wenn sie sich weigerten, in den Frankfurter Kindergottesdienst zu kommen und Johannes *Calvin*, der eine solche protestantische Diktatur in Genf einmal vorgelebt hat - mit vielen Todesurteilen. In dieser gesellschaftlichen Vision steckt die eigentliche – ideologische – Ursache, für die Sympathien zur reformierten Tradition des Calvinismus.

Was Emil *Sulze* dann auch wollte, erfüllt die Ringkirche nicht: Zentrum eines kleinen Sozialraumes zu sein, in dem das Volk zum im christlichen Sinne perfektionierten Gemeinwesen umgeprägt wird. *Sulze* wird darum später Kirchen als Gruppenbauten fordern, unter deren Dach sich unterschiedliche Funktionen sammeln, von der Gemeindebibliothek bis zur Säuglingsstation. – Im Jahr 1905 fasst *Sulze* seine neuprotestantische Position noch einmal zusammen:[269] „Für das innere Leben begann die neue Zeit durch Martin *Luther*, der den ‚Herzensglauben' und die ihm entspringende Sittlichkeit an die Stelle des Gehorsams gegen die Kirche setzte. Die Predigt gewann dadurch eine neue Bedeutung. Die Gemeinde mußte ruhevoll um den Prediger sich sammeln. Der Stütze der Hierarchie beraubt, durch die Zeitverhältnisse gehindert, in starken Gemeinden ihre Kraft zu finden, verschmolz die protestantische, am meisten die lutherische Kirche mit dem Staate. George *Baehr* hat diesem älteren Protestantismus in seiner Frauenkirche ein nie genug zu bewunderndes Denkmal gesetzt. Er sagt durch sie,

---

[269] Emil Sulze: Ursachen und Wirkungen unserer Rückkehr zum katholischen Kirchenbau. In: Protestantische Monatshefte, 9. Jahrgang, 1905, Heft 4, (offenbar Neuverwendung der Gedanken von 1881), Seite 122

daß seine ganze Stadt treu protestantisch ist. Der Kuppelbau hat hier seinen wirklichen Zweck. Er wächst hier lebendig aus dem Gemeindehause empor, der Welt zu bezeugen, daß die ‚zum Gehör des göttlichen Wortes' geeinte Gemeinde dem Ansturm der Feinde Trotz bietet. Die Aufklärung wollte Religion und Tugend lehren. Die Kirche ward ihr zum Hörsaal. Die mächtigen sittlichen Gedanken *Kants* und die religiöse Innigkeit *Schleiermachers* hatten nicht Zeit, dauernd die Nation mit neuem Leben zu durchdringen. Es begann die demokratische Zeit[270], deren Fluten beide Kirchen durch Rückkehr zum 16. Jahrhundert zu bändigen versuchten. Inzwischen aber hatte die Verschmelzung der evangelischen Kirche mit dem Staat sich allmählich gelöst." Er wirft einen Blick - nicht einmal einen scheuen - auf die Genfer Verhältnisse um *Calvin*. Sein reformiertes Programm ist schlechterdings mehr ein politisch-ideologisches als ein religiöses.

Sulze, und ein Teil der kirchlichen „Linken" dieser Zeit träumen von einer christlichen Gestalt der Gesellschaft analog der Genfer Diktatur Calvins. Die Träume sind ähnlich, aber sie werden nach 1918, nach der Kriegspropaganda – auch der protestantischen Kirchen – ausgeträumt sein. Die wütende Reaktion gegen die intellektuell und organisatorisch gut aufgestellte Aufklärung in der Kirche, gegen solche kulturprotestantischen Träume und den zarten Idealen eines romantischen Neuprotestantismus, spielt der positiven Kirchenpartei den Ball zu. Karl *Barth* und Friedrich *Gogarten* spielen diesen Ball auf hohem Niveau in das Nirvana der kompletten gesellschaftlichen Irrelevanz des evangelischen Christentums. Ihr Verdienst: Aufgeklärte Kirchbauten werden gehasst und der Traum evangelisch-protestantischer Theologie, dass sie wieder öffentliche Relevanz gewinnt, wird noch stärker. Er lässt den Protestantismus seit dem Zweiten Weltkrieg zwischen Marxismus, Ökofundamentalismus und diakonischem Sozialpragmatismus pendeln. Als Fortführung für die völkisch-darwinistischen Abwege, auf denen sich die protestantischen Zeitgeist-Junkies zuvor bewegt

---

[270] „Demokratische Zeit" meint hier offensichtlich – negativ – die Zeit der Revolutionen von 1789 oder 1848.

hatten, um ihre Aktualität unter Beweis zu stellen. Die Ringkirche hat in der Nachkriegszeit, die – vorläufig – alle völkischen Orientierungen beeendete, solche Epochen prominent durchlebt: Die – theologisch positive – Niemöllerzeit, dann pseudomarxistische Lateinamerikabefreiungen oder hemmungsloser Antiamerikanismus waren in ihrem Verkündigungsraum vertretene Haltungen.

Für *Sulze* lebte die „Religion" als Verhältnis zwischen Mensch und Gott in jedem einzelnen Individuum als zartes Pflänzchen, das die Kirche im Gottesdienst nicht manipulieren sollte. Gott wohnt nach seiner Lehre nicht im Altar – wie im römischen Katholizismus – sondern in den Seelen der Einzelnen. Der Gottesdienst in kirchlicher Gemeinschaft soll eher ein erhebendes Erlebnis sein, als ein Hören auf die Autorität des Predigtwortes, da ja der Einzelne bereits den Samen des Göttlichen in sich trägt. Dagegen war die zeitgenössische Rechte auf dem Weg, Hierarchie und Autorität zu betonen, weil ihr Kirchenbild am Ständestaat und an der preußischen Monarchie orientiert war. Man könnte hier einen demokratischen Keim in der totalitären Lehre *Sulzes* ahnen. Indessen hat gerade in Deutschland das Volk im Gleichschritt bewiesen, welche „Religion" in den Seelen der Massen hausen kann.[271] Und dieser Schoß ist fruchtbar noch! Dieser „Religion" hat der christliche Glaube heftig zu begegnen, um das Wort „bekämpfen" zu vermeiden.[272]

Der kirchliche Monumentalbau verliert bereits nach 1918 an Wichtigkeit. Die evangelische Spielart des Monumentalbaus hatte bewiesen, dass der Protestantismus alles genau so gut kann wie der Katholizismus. Gegen dieses

---

[271] Auch wenn es sich bei dieser „Religion" nach der Definition von Weyer-Meckhoff und Roth um „Fundamentalismus" handelt, da es sich beim Rassismus um ein Fürwahrhalten von Aussagen handelt. Vgl. Michael Roth, Stephan Weyer-Menckhoff: Gelebte und behauptete Wahrheit, Thesen zu Religion und Fundamentalismus, Dt. Pfarrerblatt 6/2021, 339.
[272] Vgl. dazu die Kritik der Masse z.B. in José Ortega y Gassets „Der Aufstand der Massen (1930), dt. DVA, Stuttgart, 1957, 78ff.

Verständnis, dass Kirchen symbolische Denkmäler und keine Funktionsbauten seien, stehen die protestantischen Predigtkirchen. Zu ihnen gehört die Ringkirche im besten Sinne.

Heute füllen sich Großkirchen nur am heiligen Abend und wenn Konzerte erfolgreicher Agenturen stattfinden. Was die Zahl der Besuchenden anbetrifft, haben Events den Gottesdienst (außerhalb von Pandemiezeiten) überholt. Wenn religiöse Vergewisserung mehr vom individuellen Unterhaltungswert, vom Eventcharakter, von der Prominenz der Akteure oder einem modischen Medium abhängt, verändern große Kirchen ihren Charakter. Religiöse „Namen" wie Anselm Grün oder profilneurotische TV-Größen wie Jürgen Fliege füllen die vielen Bänke, während der sonntägliche Gottesdienst der Monumentalität nicht unbedingt bearf.

Sulzes Gemeindetheologie war überdies gerade in der Evangelischen Kirche in Hessen und Nassau mit dafür verantwortlich, dass Großkirchen heute einen schweren Stand haben: Überall wurden kleine vorgeblich „familiäre" Kirchlein für kleine Gemeindchen gebaut, statt bei den symbolischen Schwergewichtskirchen große, leistungsfähige Körperschaften zu belassen, die nach innen und außen hatten große Wirkung entfalten können. Der kleine, moderne Vielzweckbau, der die traditionelle Kirche ablösen wird, lässt sich funktionell leichter anpassen. Was diesem allerdings fehlt, ist die spezifische Atmosphäre des heiligen Raumes, die die Verfasser des Wiesbadener Programms zwar nicht wollten, die aber Otzens Architektur der Ringkirche bis heute erschafft. Gut, dass die Qualität der Otzen'schen Architektur die ideologische Fehlorientierung des Wiesbadener Programms überflügelt. Diese wirkt auch, wenn in der Kirche keine Veranstaltung stattfindet: In der „Offenen Kirche" vermittelt ihr Raum eine Botschaft, für die Sulzes Gemeindetheologie keinen Platz hat: Die Freiheit des Christenmenschen bei seiner persönlichen Suche nach dem Wesentlichen.

Als Gottesdienstort bleibt die Ringkirche dem Wort und dessen Wert für den Glauben fest verbunden, weil der Glaube Impulse durch das Hören empfängt, nicht durch eigenes Kommentieren. In diesem Vertrauen folgt sie nicht nur Luther, sondern auch dem Vertrauen der Aufklärung in Bildung und Vernunft. Die Erweiterung des Altarraumes um das Jahr 2000 lässt überdies die enge – totale – Zentralisierung auf Altar und Kanzel heute weiter und damit auch demokratischer wirken. Es kommt in der Gemeinde eben nicht nur auf den Prediger an, um den sich – wie bei *Sulze* – alles dreht, sondern durchaus auch auf die Gemeinschaft, das Gespräch, die nichtliturgische Kommunikation, für die der ideologisch geprägte Urzustand der Ringkirche wenig Raum geboten hat.

Niemand käme heute auf die Idee, eine Ringkirche zu bauen. Sie zu erhalten, zu pflegen und zu bewahren ist einerseits durchaus denkmalpflegerische Pflicht, aber andererseits auch die Nutzung einer wertigen Architektur, die bis heute ihrer Gemeinde und ihrer Aufgaben dient. - Das schließt nicht die ideologisch aufgeladene Grundidee ein, der das „Wiesbadener Programm" folgt, weder in der musikfeindlichen Fassung *Sulzes* noch in der musikalisch freundlicheren Version *Veesenmeyers*. Solche ideologischen Haltungen stehen bei dem Autor im Verdacht, zu den Steigbügelhaltern für totalitäre Ideen zu gehören, die millionenfaches Unglück über Deutschland, Europa und die Welt gebracht haben – und vielleicht noch bringen werden. Auch wenn sie immer unter der Grundidee stehen, die Welt retten zu wollen.

Die Risiken der Moderne im Hinblick auf Umweltschutz und Nachhaltigkeit lassen die schönsten Erwartungen keimen, wie sich im kirchlichen Gewand wieder neue Totalitarismen einkleiden werden. Einer solchen historischen Fehlentwicklung entstammt das „Wiesbadener Programm", aber es könnte auch einem Christentum dienen, das sich ohne Scheuklappen Christus, der Liebe und der Verkündigung Seiner Gnade verpflichtet fühlt – ohne Entmündigungen und Gleichschaltungen.

B. Chronologie der Baustelle
In Auswahl.

Datum	Vorgang
1891	
11.3.1891	Die große Gemeindevertretung beschließt Sandsteinverblendung und ein Baubudget von 400.000 Mark für die dritte evangelische Kirche.
20.7.1891	Otzen fragt, ob er die neue Kirche „Reformationskirche" nennen darf.
19.12.1891	Leitung der Baukommission geht von Bickel auf Veesenmeyer über.
1892	
8.1.1892	Auftragsbstätigung für ein hölzernes Modell der neuen Kirche.
30.1.1892	Nach der Gemeindetheologie Emil Sulzes teilt sich die Gesamtgemeinde in Einzelgemeinden auf.
Januar	Submission beginnt
13.2.1892	Philipp Holzmann akzeptiert die Submissionsbedingungen.
1.2.1892.	Veesenmeyer: „Die Arbeiten schreiten voran."
3.-17.2.92	Wegen Steinmangel Einstellung der Arbeiten. Böhles entlässt 46 Arbeiter.
14.2.1892	Kirchenvorstand genehmigt die geschlossenen Verträge.
16.2.1892	Bauführer Jacob Lieblein meldet sich wegen Erkältung krank.
21.2.1892	Bickel: Noch kein Spatenstich!
26.2.1892	Erste Basaltlieferung für den Grundsockel
21.5.1892	Lieblein instruiert mit Plänen Holzmann.
10.-13.5.92	Lieblein auf Sandstein-Tour in der Pfalz
20.5.1892	Statt Basalt kommen Verblendsteine.
27.5.1892	Veesenmeyer fragt wegen einer Bleiplatte bei Otzen an. (Grundsteinlegung?)
27.5.1892	Wegen Steinmangel Einstellung der Arbeiten.
1.6.1892	Jacob Lieblein rechtfertigt sich, allein Holzmann habe Schuld.
10.-11.6.92	Wegen Steinmangels ruht der Baubetrieb.

4.7.1892	Ultimatum für pünktliche Baustoff-Lieferungen an Holzmann.
7.7.1892	Wegen Steinmangels ruht der Baubetrieb.
13.8.1892	Erster Pfarrer der Neukirchengemeinde Lothar Friedrich fordert indirekt Kündigung Liebleins.
14.8.1892	Erster Brief von Friedrich Grün an Otzen.
19.9.1892	Vertrag mit Maschinenfabrik Philippi wegen der Mitteldruck-Heißwasserheizung
28.9.1892	Feier der Schlusssteinsetzung durch Gesamtgemeinde
29.10.1892	Otzen „akzeptiert" die „Kündigung" Liebleins zum 1.1.1893.
19.11.1892	Otzen in Wiesbaden, um Übergabe der Bauleitung vorzubereiten.
2.12.1892	Lieblein findet Brief mit Klagen wegen Abrechnungen vor.
22.12.1892	Böhles beschwert sich wegen zurückgewiesener Rechnungen und ungerechter Behandlung.
29.12.1892	Otzen erkrankt. Bickel regelt Vertrag mit Grün.
1893	
1.1.1893	Friedrich Grün beginnt als Bauführer.
20.3.1893	Der Großherzog Adolf von Luxemburg bewilligt 2000 Euro für Skulpturen vor dem Ostportal.
4.12.1893	Der Kirchenvorstand bewilligt 9.288 Mark für die Walcker-Orgel und 2.500 Mark für das Orgelgehäuse. Die Baustelle wird notverglast.
14.12.1893	Die Glocken von C. F. Ulrich aus Apolda werden festlich eingeholt.
1894	
23.7.1894	Der Magistrat bewilligt eine Turmuhr mit einer Eigenbeteiligung von 1000 Mark.
1.10.1894	Die Walcker-Orgel trifft in Wiesbaden ein.
31.10.1894	Die Ringkirche wird eingeweiht

C. Dramatis Personae:

Verzeichnis der am Bau der Ringkirche direkt oder indirekt Beteiligten. Die nicht in den Bauakten verzeichneten Gewerke werden nachgewiesen als aus dem Gewerkverzeichnis von Heinrich Schlossers Festschrift „Schlichtheit, Einfachheit…" (1919) entnommen. Dieser hat die Angaben aus der *Pfarrchronik* abgeschrieben, die wiederum einen Artikel im Wiesbadener Tagblatt (No. 507 vom 30. Oktober 1894) aufbewahrt hat. Das Verzeichnis ist unvollständig.

Arnold, E. Kunstglaserei, Wiesbaden, eine der Glasereien, die die Buntverglasung lieferten.[273]

Die Baukommission: (19.12.1891) Stadtrat Heinrich Johann *Weil*, ein in Bausachen erfahrener Mann, Amtsrichter Georg *de Niem* und Emil *Veesenmeyer.* Der Baumeister Friedrich *Lang* wird je nach Bedarf zugezogen.

Bauschinger, Johann (1834 - 1893) war Mathematiker und Bautechniker und von 1868 bis zu seinem Tod Professor für Technische Mechanik am Münchener Polytechnikum. Das „Mechanisch-Technische Laboratorium" nahm 1870 unter seiner Leitung die Arbeit auf. Damit war es das erste Werkstoffprüfungsinstitut an einer Hochschule. Es bildete den Ursprung des „Staatlichen Materialprüfamts für den Maschinenbau" der TU München, das heute noch existiert. Wikipedia, abgerufen am 25.2.2020. Bauschinger hat direkt nichts mit dem Bau der Ringkirche zu tun; er analysierte indessen den Königsbacher Sandstein und markiert, wie der wissenschaftlich-technische Fortschritt zum Teil der Architektur wird. (18.2.92) Auf der Seite 216 des Quellenbandes 1 ist das Gutachten von Bauschinger in Kopie abgebildet.

---

[273] Schreiben Arnold an Grün, ohne Datum, Quellenband 2, Seite 108.

Begas, Paul & Co. Elektrische Lichtanlagen, Frankfurt, lieferte Reflektoren für das Oberlicht-Experiment.[274]

Berg, Otto F., Dekorationsmaler im Kirchenschiff. Gehört zum engeren Gefolge von Johannes Otzen; malte fast ausschließlich Otzenkirchen aus. Vielleicht war er mit ihm verwandt: Die Mutter Otzens war eine geborene Berg.[275] Otto Berg war geboren am 10. Dezember 1861 in Bornhöved, Schleswig-Holstein und starb 1944 wahrscheinlich in Lübeck. Wikipedia weiß von ihm: „Sein Studium absolvierte Berg an der Kunstgewerbeschule Hamburg sowie an der Unterrichtsanstalt des Kunstgewerbemuseums Berlin. Er ... wandte sich nach 1900 dem Jugendstil zu."[276]

Bickel, Karl war am 10.8.1838 in Runkel geboren worden und starb am 3.3.1926 in Wiesbaden. *Bickel* hatte in Jena und in Halle evangelische Theologie studiert und seine praktische Ausbildung im nassauischen Predigerseminar von Herborn absolviert. Nach einer Zeit als Kaplan in Rüdesheim und Biebrich, wo er 1870 Pfarrer wurde, amtierte er seit 1872 in Wiesbaden, ab 1892 als Erster Pfarrer an der Marktkirche, ab 1898 als Dekan.

Bienwald, G. & Rother, Kustziegelei, Liegnitz, schufen einen gelben Keramik-Engel, der auf der Prospektsäule der Orgel gestanden hat (Engel wurden allerdings paarig angeliefert). [277]

Biersack, Georg wurde im Gefolge von Jacob Lieblein als Bautechniker angestellt, musste mit diesem die Baustelle verlassen und schrieb am 10.8.1894, dass sich Lieblein nunmehr im Irrenhaus befinde.[278]

---

[274] Z.B. Schreiben Begas an Grün, 30.8.1894, Quellenband 2, Seite 68.
[275] Nach dem Gewerkverzeichnis in Schlosser, H., Schlichtheit, Einfachheit..., 2006, 24f.
[276] Vgl. Otzen an Grün, 15.8.1894. Quellenband 2, Seite 52.
[277] Schreiben Bienwald an Grün, 20.9.1894, Quellenband 2, Seite 92.
[278] Biersack an Lang, 10.8.1894, Quellenband 2, Seite 44f.

Böhles, Heinrich C., Maurermeister, bewarb sich am 15.2.1892 für die Erd- und Maurerarbeiten und bekam den Zuschlag. Gute Bewertungen: „Mit Letzterem sind wir sehr zufrieden; er thut alles, um den Bau noch dieses Jahr unter Dach zu bringen." (S. 212, Veesenmeyer, 20 Mai 1892) Böhles scheint auch eine eigene Ziegelbrennerei betrieben zu haben, die evtl. den Backstein für die Ringkirche geliefert hat. (17.2.1892, S. 173).[279]

Bringmann, Michael, Kunsthistoriker, wurde am 21. Mai 1940 in Hannover geboren, studierte von 1960 bis 1968 Kunstgeschichte, Ostasiatische Kunstgeschichte, Ältere Germanistik und Sprachwissenschaft, sowie Lateinische Philologie und Neuere Germanistik. Promoviert wurde er 1968 mit einer Arbeit über neuromanische Architektur des 19. Jahrhunderts (hier auch über die Ringkirche). Von 1978 bis zu seiner Pensionierung 2005 Professor am Institut für Kunstgeschichte der Universität Mainz. Verstorben 2014.

Brock, Heinrich, Installateur, Wiesbaden lieferte Verbindungsteile.[280]

Brodt, H. installierte Beleuchtungskörper (Gaslicht), die von der Firma Ferd. Paul Krüger aus Berlin kamen.[281]

Brix, Joseph (1859-1943) arbeitete seit 1885 als Bauingenieur einen Generalentwässerungsplan für Wiesbaden aus, den er von 1886 bis 1907 realisierte. Später wirkte er an der TH Charlottenburg, an der auch Johannes Otzen lehrte. (Vgl. Wiesbaden. Das Stadtlexikon, Darmstadt, 2017.) Brix stellte auch die Anschlussgebühren als Verantwortlicher für das Canalisationswesen in Rechnung. (Quellenband 1, Seite 207, 11.5.1892.

---

[279] Zahlreiche Schreiben in beiden Quellenbänden.
[280] Brock an KV, 21.9.1894, Quellenband 2, Seite 92f.
[281] Krüger an Grün, 24.9.1894, Quellenband 2, Seite 97

de Niem, Georg (*1852-) Jurist, Amtsrichter, Mitglied der Baukommission, offenbar nach Veesenmeyers Willen berufen, später im Kirchenvorstand der Neukirchengemeinde.

Die Grundstückscommission 1888: August Christian *Olfenius*, Karl *Bickel, Beckel, Kimmel,* Stadtrat Heinrich Johann *Weil,* Louis *Wintermeyer, Dietz,* Christian *Gaab, Jung,* Amtrichter Georg *de Niem*

Ehrich, Bruno, / **Döringer, Wilhelm,** neonazarenische Maler der Düsseldorfer Schule, Schüler von Eduard von Gebhardt, schufen die Sgrafittos neben dem Altar und die Darstellungen auf der Orgelempore.[282] Ihre Darstellungen gefielen Otzen nicht, der sie in Zeitnot gewähren ließ. Antijüdische Klischee-Darstellung des Judas neben der Kanzel.

vor dem Forst, Viktor, eine der Glasereien, die die Buntverglasung herstellten, Münster (Westf.). [283]

Fresenius, Remigius Heinrich, (1847-1920) als Chemiker Dozent am Chemischen Laboratorium Fresenius, ab 1881 Leiter der agrikulturchemischen und önologischen Versuchsstation, ab 1897 im Vorstand des Instituts. Stadtverordneter, 1905 Geheimer Regierungsrat. Baukommission der Gesamtgemeinde. Vgl. Wiesbaden, Das Stadtlexikon. Auch kirchlicher Verantwortungsträger.

Friedrich, Lothar, der erste Gemeindepfarrer der noch namenlosen „Neukirchengemeinde", war ein gebürtiger Wiesbadener, (*1844) dessen frühe theologische Laufbahn ihn nach Nordnassau führte. Dort prägte man ihn im Sinne einer engen positiven theologischen Richtung. Als 1. Pfarrer an der Ringkirche wirkte er ab 1892, bis zu seinem Todesjahr 1909.

---

[282] Schreiben Döringer &Ehrich an Grün, 28.7.1894, Quellenband 2, Seite 28.
[283] Zahlreiche Korrespondenzen im Quellenband 2.

Fritsch, Karl Emil Otto, (1838 – 1915), war einer der Gründer, Leiter und Redakteur der Deutschen Bauzeitung. Der Schwiegersohn Fontanes gab damit die älteste deutsche Fachzeitschrift heraus. (*1838 in Ratibor, Oberschlesien; † 1915 in Berlin). Weitere Fachveröffentlichungen, auch über Kirchenbau. Vgl. wikipedia, abgerufen am 24.2.2020. Machte das Konzept der Ringkirche im deutschsprachigen Raum bekannt.

Fritsche, Arno Eugen, Architekt im Atelier Otzen, vertrat den Chef bei dringenden Anfragen der Bauleitung.[284]

Gail, Karl für die Fa. **Wilhelm Gail Wwe.**, großer Biebricher Betrieb der Holzverarbeitung, der den Zuschlag bekam für Zimmerarbeiten z.B. Bauzaun, Kirchenbänke, Turmhelme der Ringkirche.[285]

Gassmus, Otto, lieferte den Terrazofußboden im Altarraum (es handelt sich indessen um eine Kombination von Kleinmosaikboden und Terazzo auf einem Betonsockel.[286]

Genzmer, Felix August Helfgott, (1856 – 1929), Architekt, Stadtplaner, Fachschriftsteller, Kunstgewerbler und Hochschullehrer. Wie Otzen studierte auch Genzmer bei Conrad Wilhelm Hase: 1875–1877 Studium an der Polytechnischen Schule in Hannover. 1877–1879 Studium an der TH Stuttgart, Schüler von Christian Friedrich von Leins, dem Wegbereiter des Eisenacher Regulativs. 1894–1903 ist Genzmer Stadtbaumeister in Wiesbaden, 1901 Königlicher Baurat. 1903–1919 Architekt der königlichen Theater-Verwaltung in Berlin. Wie Otzen wird Genzmer Professor an der TH Berlin-Charlottenburg (1903–1926). 1905 Geheimer Hofbaurat. Vgl.: Architekenbiographien, http://www.glass-portal.privat.t-online.de/hs/g-l/genzmer_felix.htm, abgerufen 17.12.2019.

---

[284] Fritsche an Grün, 17.9.1894, Quellenband 2, Seite 87.
[285] Zahlreiche Korrespondenz z.B. Gail an Grün, im Quellenband 2, Seite 81f.
[286] Gassmus an Grün, Schreiben vom 8.8.1894, Quellenband 2, Seite 41f.

Gerson, Herrmann KG, Berlin, lieferte Teppiche und Textilien zur Auskleidung der Ringkirche.[287]

Graff, A. & Co. Gießen und Londorf lieferte zu viele Steine für die Basaltumschalung der Terrasse.[288]

Grün, Friedrich (1866–1939) war Architekt und später Stadtbaumeister. Er unterschreibt, als er angeworben wird, als Kgl. Regierungs Bauführer. Er wurde am 1.1.1893 Bauleiter an Stelle von Jacob Lieblein, der Opfer seiner mangelnden Leitungskompetenz wird.

Hanson, Ferdinand, lieferte das schmiedeeiserne Tor für das Ostportal, das heute im 1. Turmgeschoss verbaut ist.[289]

Hanson, W. lieferte die Opferbüchsen.[290]

Hartmann, Julius und Adolph, Wiesbaderner Lackierbetrieb, besorgte zahlreiche Vergoldungen.[291]

Hasenohr, Hermann, geboren in Zwickau 1855.. Bildhauer in Dresden, Inhaber einer Bildhauer- und Stukkateurfirma. Schuf in der Ringkirche die hölzernen Modelle für Kapitelle und bauplastischen Arbeiten nach Grobentwürfen Otzens. Sowohl die Kanzel als auch die Kapitelle beweisen

---

[287] Gerson an Grün, 19.9.1894, Quellenband 2, Seite 90.
[288] Zahlreiche Schreiben, z.B. Graff an Grün, Quellenband 2, Seite 34.
[289] Nach dem Gewerkverzeichnis in Schlosser, H., Schlichtheit, Einfachheit..., 2006, 24f.
[290] Hanson an Grün, 19.9.1894, Quellenband 2, Seite 91.
[291] Schreiben vom 27.9.1894 u.ö. Quellenband 2, Seite 103.

einen hohen Qualitätsanspruch. Blüten und Blattwerk sind tief ausgeschnitten, nicht nur oberflächlich angedeutet.[292]

Hawerkamp, Wilhelm, lieferte Modelle für die Skulpturen der Evangelisten im Altarraum und ein Modell für den Johannes (Relief der Sakristeitür), die durch die Bildhauer **Rieger** und **Schultz** ausgeführt wurden.[293]

Heiminghaus, Schieferbau-Gewerkschaft in Fredeburg (Westfalen), lieferte das originale Zifferblatt der Kirchturmuhr in 3 cm dickem Schiefer.

Hirsch, Franz, lieferte die Türbeschläge und Treppengeländer.[294]

Holzmann, Philipp. Das von Johann Philipp Holzmann 1849 in Dreieichenhain gegründete Bauunternehmen wurde seit 1865 von dessen beiden Söhnen geführt. Philipp ließ das Unternehmen erheblich expandieren und wandelte es 1895 in eine GmbH um. Es vergrößerte sich zum Beispiel durch das Erbauen von Kanalisationsnetzen und durch den Eisenbahn- und U-Bahnbau. Das Familienunternehmen wuchs zum zeitweise größten deutschen Baukonzern. Von 1999 bis 2002 ging es konkurs. (Vgl. wikipedia) Für die Ringkirche sollte Holzmann fertig behauene Steine liefern. Dabei stellte sich die Firma qualitativ und quantitativ als überfordert heraus. Lieferte auch den Altar, das steinerne Taufbecken und die Sandsteinblöcke für die Evangelisten im Altarraum.[295]

---

[292] Einige Schreiben z.B. Hasenohr an Grün, im Quellenband 2,. 25.10.1894, Quellenband 2, Seite 127f.

[293] Zahlreiche Schreiben und Rechnungen. Z.B. Hawerkamp an Grün, 2 3.9.1894, Quellenband, Seite 77.

[294] Nach dem Gewerkverzeichnis in Schlosser, H., Schlichtheit, Einfachheit..., 2006, 24f.

[295] Zahlreiche Korrespondenzen in beiden Quellenbänden.

Joly, Eisenwerk, Wittenberg, lieferte eine Treppe für den Turm.[296]

Katz und Zentner, Wiesbadener Glaserei und Glasmalerei, einer der Lieferanten der Farbverglasung. Otzen traute ihr bzw. ihrem Kunstgeschmack nicht über den Weg.[297]

(Klein, F.) Kleidt, Th., Wiesbaden, und **Knodt,** G., Bockenheim Spenglerarbeiten[298]. Die Klempner waren über Carl Meier vermittelt worden.

Krüger, Ferd. Paul, Kunstschlosserei, Berlin lieferte zahlreiche Beleuchtungskörper, Wandarme und Kandelaber für Gasglühlicht.

Lang, Friedrich (1852-1906) ist noch ein Baumeister im alten Sinne, hat also bei einem Architekten gelernt und nicht studiert. Schuf – seit 1883 selbständig - in Wiesbaden zahlreiche Stadthäuser und Villen. Aktiv in zahlreichen Vereinen gehörte er von 1896 bis 1906 der Stadtverordnetenversammlung an. Gehört bei Baubeginn mit 39 Jahren zu den „jüngeren" am Bau Beteiligten. (Vgl. Wiesbaden, Das Stadtlexikon). Er ist Freimaurer und gehört zur „Loge Plato zur beständigen Einigkeit".

Lieber, Carl, 2. Pfarrer an der Ringkirche 1894-1908, * Diez 5. 1. 1861, † Wiesbaden 21. 12. 1920. Sein Vater war Christian L., Oberlehrer. 1876-79 besuchte er das Gymnasium Weilburg; Er studierte Theologie in Bonn, Erlangen und Marburg, 1883 Theologisches Seminar Herborn; Vikar ab 1884 in Gemünden; Pfarrer ab 1886 in Camberg, 1890 bis zum Tod in Wiesbaden, Vorsitzender des Evangelischen Bundes.

---

[296] Z.B. Joly an Grün, 17.9.1894, Quellenband 2, Seite 88.
[297] Zahlreiche Korrespondenzen in Quellenband 2.
[298] Das Gewerkverzeichnis in Schlosser, H., Schlichtheit, Einfachheit…, nennt den Wiesbadener Klempner anders als Carl Meier am 18.6.1893

Lieblein, Jakob, geboren am 28.10.1841 in Schweinfurt lebte als Architekt und Zeichenlehrer in Frankfurt am Main. Beteiligte sich als Autor kleinerer Beiträge an der Dt. Bauzeitung und an Bauwettbewerben. Offenbar bekam er zuweilen eine gute Platzierung, aber selten einen Bauauftrag. Über sein Todesjahr gibt es unterschiedliche Informationen: Das Architektenarchiv nennt 1894, während in Schweinfurt das Todesjahr mit 1903 angegeben wird. (Nach der Information seines Technikers, dass er 1894 ins „Irrenhaus" eingeliefert worden sei, erscheint 1894 wahrscheinlicher.) An der Ringkirche arbeitet er ein knappes Jahr von Februar bis Dezember 1892. Danach wird er durch den jungen und leistungsfähigeren Bauführer Friedrich Grün ersetzt.

Meier, Carl, Dachdeckermeister, Wiesbaden / Berlin bewarb sich erfolgreich mit Leistungsverzeichnis für die Dachdecker- und Klempnerarbeiten.[299]

Merz, August, 5. Pfarrer an der Ringkirche 1908 -1928, wurde am 11. November 1861 in Wehen (Taunus) geboren und starb im Jahr 1936. Wurde zum Landeskirchenrat berufen. Er gründete 1909 in Verbindung mit dem "Paulinenstift", eine Krankenschwesternstation und einen "Verein für Diakonie und Armenpflege" für die Ringkirchengemeinde. Zugleich begründete er die Abhaltung von Gottesdiensten für Schwerhörige in der Ringkirche. 1910 wurde er Vorsitzender des Wiesbadener Zweigverein des Evangelischen Bundes. Noch vor Ausbruch des 1. Weltkriegs gründete er für die Kinder aus Arbeiterfamilien eine „Kleinkinderschule", da die meisten Kindergärten zu teuer waren. Noch im Frieden, im Januar 1914 wurde dieser Ringkirchen-Kindergarten am Elsässer Platz 3 eröffnet; im Krieg wurden noch zwei Filialen gegründet, weil viele Soldatenfrauen arbeiten gehen mussten.

---

[299] Korrespondenzen in beiden Quellenbänden.

Münchener Glasmalerei M. Auerbach, Berlin schuf das Oberlicht der Ringkirche.[300]

Neugebauer, Gebrüder, Dampfschreinerei Wiesbaden, erstellte das Orgelgehäuse nach den Plänen Otzens.[301]

Olfenius, August Christian, (1822 – 1894), Jurist in der nassauischen Finanzverwaltung, 1872 Direktor der Nassauischen Landesbank. Freimaurer in der Loge Plato etc. Gehörte mehreren Baukommissionen des Kirchenvorstands an. (Vgl. Stadtlexikon)

Otzen, Johannes, Architekt; * Sieseby (Schleswig) 8. 10. 1839, † Berlin 8. 6. 1911. Studium an der TH Hannover. Tätig in Altona u. in Berlin, wo er an der Akademie der Künste (1904-07 Präsident) und TH Berlin Charlottenburg lehrte, Professor, Geheimer Rat. Schuf Kirchen in mittelalterlichen Stilformen. Erbauer der Wiesbadener Bergkirche (1877—79). Zur Planung und zum Entwurf der Ringkirche aufgefordert. Bauzeit 1892—94. Entwickelte aus dem „Wiesbadener Programm" des Wiesbadener Pfarrers Emil Veesenmeyer (1891) ein architekturfähiges Konzept. Durch die Verwirklichung des Programms mit einem einheitlichen Raumkonzept wird die lutherische Forderung erfüllt, dass es keine Trennung zwischen Klerus und Gemeinde geben soll. Das Programm hatte erheblichen Einfluss auf den evangelischen Kirchenbau bis zum 1. Weltkrieg und über die „Notkirchen" Otto Bartnings bis nach dem Zweiten Weltkrieg. Literarisches Hauptwerk: „Baukunst des Mittelalters" (3 Bde. 1890—1904). Kein Beweis für seine Zugehörigkeit zu einer Freimaurer-Loge.
Literatur: Nassovia, Zeitschrift für nassauische Geschichte... (1919), 124f. Wasmuths Lexikon der Baukunst, 3 (1931) 737. Allgemeines Lexikon der

---

[300] Zahlreiche Korrespondenzen im Quellenband 2.
[301] Nach dem Gewerkverzeichnis in Schlosser, H., Schlichtheit, Einfachheit…, 2006, 24f.

Bildenden Künste... 26 (1932) 95. — Jörn Bahns, Johannes Otzen (1971). Gmelin, Der Dom der kleinen Leute, Kirchenführer, Wiesbaden, 3 (2008).

Philippi, Wilhelm, Maschinenfabrik, Wiesbaden-Dambachthal. Das Unternehmen wurde 1860 von Wilhelm Philippi im Dambachtal gegründet. Er baut sie zur Maschinenfabrik aus. Aus der Wiesbadener Schlosserfamilie stammt auch Fritz P., der später Pfarrer an der Ringkirche wird.[302] Wilhelm zeigt schon mit regen Zuschriften ab Juni 1892, dass er ein aufsteigender Stern am Handwerkshimmel ist. Er wird bis 1894 am königlichen Hoftheater die komplette Bühnentechnik und die dortige Heizung konzipieren und einbauen. Auch die Metallkonstruktionen der Ringkirche werden von ihm vorgeschlagen, von Otzen überprüft und dann eingebaut: Heizungsanlage, Glockenträger, Dachlaterne mit Vierungsturm.[303]

Reber, Paul, * 15. November 1835 in Basel; † 29. Oktober 1908 ebenda, wurde nach einem Studium in Karlsruhe Bauingenieur und machte sich in der Schweiz als Architekt – vorwiegend sakraler Bauten – einen Namen. Erbaute nach dem Wiesbadener Programm zum Beispiel die Bühl-Kirche in Wiedikon bei Zürich, die bereits 1896 eingeweiht wurde.

Riede, Architekt „bevollmächtigter Vertreter" der Geschäftsleitung der Philipp Holzmann & Cie., Frankfurt am Main. „Betreute" auch die Baustelle der Ringkirche.

Rittweger, Ernst, Frankfurter Bildhauer, der die beiden Skulpturen vor dem Ostportal geschaffen hat. Er kam mit fast seinem gesamten Œuvre im Zweiten Weltkrieg um.[304]

---

[302] Vgl. Ralf-Andreas Gmelin: Gott, Natur und Tintenfinger, Fritz Philippi, ein Wiesbadener Pfarrer, Dichter und Journalist, BoD Norderstedt, 2017
[303] Zahlreiche Korrespondenzen in beiden Quellenbänden.
[304] Einige Schreiben, z.B. Rittweger an Grün, 2.10.1894, im Quellenband 2, Seite 107.

Rothe, Richard, Theologischer Lehrer von Emil Sulze, der Ideengeber einer Gemeindetheologie war, die sich gegen mittelalterliche Kirchbautraditionen wandte. Dieser war wiederum Ideengeber für Emil Veesenmeyer, den Vater des Wiesbadener Programms. Rothe war prägende Figur eines Kulturprotestantismus, der die gesamte Gesellschaft politisch prägen will.

Schäffer & Walcker, Bronzegießerei, Berlin, lieferte das metallene Taufbecken.[305]

Schleicher, Bezirks-Ingenieur in Neustadt, Anbieter von Königsbacher Sandstein (1892).

Schlosser, Heinrich, (†1942), Pfarrer und Autor der Festschrift zum 25jährigen Bestehen der Ringkirche, außer den Bauakten, den KV-Protokollen und der Pfarrchronik die älteste Quelle zur Baugeschichte. Später Seminarprofessor in Herborn.

Schulz, Eduard, Schreiner, Potsdam, lieferte das originale Bibelpult.[306]

Spitta, Friedrich, 1852 – 1924, Professor der Praktischen Theologie in Bonn, Straßburg und Göttingen. An der Straßburger Universität, an der Veesenmeyer studiert hatte, prägte er dessen liturgische Präferenzen und damit auch deren Auswirkung auf den Kirchbau. Forderte eine „Chorschranke", die den dirigierenden Kirchenmusiker versteckt (Giebel vor der Sängerbühne). Vordenker der älteren liturgischen Bewegung, die den Innenraum der Ringkirche mitprägte, um große Musik im Gottesdienst zu ermöglichen.

---

[305] Schäffer & Walcker an Grün, 7.7.1894, Quellenband 2, Seite 12.
[306] Korrespondenz Schulz an Grün, 27.8.1894, Quellenband 2, Seite 66.

Strasburger, Franz Valentin, Erster Intendant, war Mitglied der Loge Plato zur beständigen Einigkeit und als Kirchenvorsteher Mitglied der Baukommission, die zuletzt auch die Parzellierung und Veräußerung der nicht genutzten Grundstücke mitorganisierte.

Sulze, Emil, 1832-1914, Dresden-Neustadt, war als von der Brudergemeinde geprägter Pfarrer an der Reform des Gemeindewesens führend beteiligt, erfolgreich mit der Einführung der Seelsorgebezirke in großen Gemeinden. Autor der Protestantischen Kirchenzeitung und z.b. der „Christlichen Welt". Schrieb bereits 1881 eine Schrift zum evangelischen Kirchenbau, dem Veesenmeyer bei seinem „Wiesbadener Programm" weitgehend folgte.

Ulrich, Carl Friedrich, Glockengießerei in Apolda (Thüringen) lieferte die ursprünglichen Bronze-Glocken der Ringkirche, die im Ersten Weltkrieg eingeschmolzen wurden (bis auf die dritte, die wurde verkauft).[307]

Unkelbach, C. lieferte eiserne Anker.[308]

Veesenmeyer, Emil, wurde am 29. Juli 1857 in Stuttgart geboren, Studium in Straßburg. V. machte seine Examina 1877 und 1878 in Mannheim, wo er auch ordiniert wurde. Von 1878 bis 1880 absolvierte er sein Vikariat im ehemals reformierten Schwetzingen, danach wieder in Mannheim, wo er 1880 der Freimaurerloge „Karl zu der Eintracht" beitrat. 1881 bis 1886 wirkte er als Pfarrer in Holzen im Kandertal, Schwarzwald, bevor er im Jahr 1886 fünfter Pfarrer in Wiesbaden wurde. Hier wurde er 1891 in die Freimaurerloge „Plato zur beständigen Einigkeit" übernommen. Dort war er zweimal Meister vom Stuhl. Ab 1892 wurde er 1. Pfarrer der Bergkirchengemeinde in Wiesbaden, 1918 bekommt er die Ehrendoktorwürde der Theologie der Universität Marburg, 1918 wird er Dekan des Dekanates

---

[307] Einige Schreiben z.B. Ulrich an Grün, 23.8.1894, Quellenband 2, Seite 63.
[308] Nach dem Gewerkverzeichnis in Schlosser, H., Schlichtheit, Einfachheit…, 2006, 24f.

Wiesbaden-Stadt, 1925 nebenamtlicher Landeskirchenrat im nassauischen Landeskirchenamt. 1927 wird er in den Ruhestand versetzt. Am 5. März 1944 ist er in Wiesbaden verstorben. 1891 veröffentlichte er unter weitgehender Übernahme der Ideen von Emil Sulze das Bauprogramm für die Ringkirche, das als „Wiesbadener Programm" großen Einfluss auf den protestantischen Kirchenbau erlangte. Für die Ringkirche organisierte er vom vormaligen Herzog von Nassau, Adolf, die beiden Statuen vor dem Ostportal, Wilhelm der Schweiger und Gustav Adolf von Schweden.

Wagner, C. Theod., Wiesbaden, elektrotechnische Fabrik lieferte die Kirchturmuhr.[309]

Walcker, E. F., Ludwigsburg, Orgelbaufirma (1780-2003). Unter der Leitung der Söhne E. F. Walckers lieferte sie die Orgel.[310]

Wallot, Johann Paul, * 26. Juni 1841 in Oppenheim; † 10. August 1912 in Langenschwalbach (Bad Schwalbach) bei Wiesbaden war Architekt und Hochschullehrer. Er baute von 1884 bis 1894 das Berliner Reichstagsgebäudes und viele Objekte in Frankfurt, wo er auch arbeitete. Schrieb ein – zurückhaltendes - Zeugnis für Jacob Lieblein an Otzen.

Walther, Jacob, Stuccateur & Tüncher, Wiesbaden, malte die Nebenräume mit Kalkfarbe.[311]

Wendt, E. jun. war Bildhauer in seiner „Holzwaarenfabrik" im sächsischen Niesky. Er baute ein maßstäbliches Modell der Ringkirche.

Weil, Heinrich Johann Georg (1839-1907) war Agrarwissenschaftler. Von 1891-1906 gehörte er dem Magistrat an. Mitglied der Baukommission.

---

[309] Einige Korrespondezen z.B. Wagner an Grün, 23.8.1894, Quellenband 2, Seite 60.
[310] Zahlreiche Korrespondenzen in beiden Quellenbänden.
[311] Korrespondenz Walther an Grün, 27.8.1894, Quellenband 2, Seite 65.

Winter, Stadtrat, keine Informationen (ein Wilhelm Winter war 1895 in der Loge Plato).

Winter, W. Architekt und Steinhändler, Wiesbaden, lieferte Steinschwellen.[312]

Zintgraf, August, [313]Wiesbadener Eisengießerei lieferte zahlreiche Säulchen aus Metall.

---

[312] Schreiben Winter an Bauverwaltung, vom 16.10.1894, Quellenband 2, Seite 116f.
[313] Schreiben vom 6. 8. 1894, Quellenband 2, Seite 38.

D. Literatur:

Ev.-luth. Kirchengemeinde Apolda: **100 Jahre Lutherkirche Apolda 1894 – 1994**, Die Vorgeschichte. Apolda, 1992.

Bahns, Jörn: Johannes Otzen, 1839-1911. Beiträge zur Baukunst des 19. Jahrhunderts. Prestel-Verlag, München, 1971.

Bahns, Jörn, "Otzen, Johannes" (Art.) in: Neue Deutsche Biographie 19 (1999), S. 717-718 [Online-Version]; URL: https://www.deutsche-biographie.de/pnd 118738852.html#ndbcontent

Baur, Urs: Neugotik im alten Glanz – Zur Restaurierung der Kirche Bühl in den Jahren 1983-1984. (Art.) In: Kantonal-Zürcher Denkmalpflege, 10. Bericht, 2. Teil. Stadt Zürich, Zürich 1984, S. 96–100.

Bringmann, Michel: Studien zur neuromanischen Architektur in Deutschland, Inauguraldissertation, Ruprecht-Karls-Universität, Heidelberg 1968.

Dickie John: Die Freimaurer – Der mächtigste Geheimbund der Welt. S. Fischer, Frankfurt am Main, 2020.

Dienst, Karl: Miniaturen einer nassauischen Kirchengeschichte, Zu nassauisch-protestantischer Frömmigkeit (Art.) Ms. für das Joural für Religionskultur Nr. 165, 2012.

Freigang, Christian: Kirchenbau, (Art.) In RGG IV, Bd. 4, Mohr Siebeck, Tübingen, 1998-2007.

Fritsch, Karl Emil Otto: Der Kirchenbau des Protestantismus von der Reformation bis zur Gegenwart, herausgegeben von der Vereinigung Berliner Architekten. Kommissions-Verlag von Ernst Troeche, Berlin, 1893.

Geißler, Hermann Otto: Nicolaus Gompe von Rauenthal (1523-1594) und die Reformation in der Grafschaft Nassau-Idstein/Wiesbaden. In: Jahrbuch der Hessischen Kirchengeschichtlichen Vereinigung Band 68/2017, 154 ff.

Genz, Peter: Das Wiesbadener Programm. Johannes Otzen und die Geschichte eines Kirchenbautyps zwischen 1891 und 1930. Ludwig Verlag, Kiel, 2011.

Gerber Manfred, Axel Sawert: In Krieg und Frieden, Societäts Verlag, Frankfurt, 2019.

Gmelin, Ralf-Andreas: Der Dom der kleinen Leute, Kirchenführer und Baugeschichte. 3. Aufl. 2008, Wiesbaden ring edition.

Gmelin, Ralf-Andreas: Gott, Natur und Tintenfinger, Fritz Philippi, ein Wiesbadener Pfarrer, Dichter und Journalist, BoD Norderstedt, 2017.

Heinig, Anne: Die Krise des Historismus in der deutschen Sakraldekoration im späten 19. Jahrhundert. Schnell und Steiner, Regensburg, 2004.

Herms, Eilert: Einheit der Christen in der Gemeinschaft der Kirchen. Vandenhoek und Ruprecht, Göttingen, 1984.

Hirsch, Emanuel: Geschichte der neuern evangelischen Theologie, (1964), Antiquariat Th. Stenderhoff, Münster, 1984, 5 Bände.

Hoffmann, Stefan-Ludwig: Die Politik der Geselligkeit. Freimaurerlogen in der deutschen Bürgergesellschaft 1840 – 1918.

Kiesow, Gottfried: Das verkannte Jahrhundert. Der Historismus am Beispiel Wiesbadens. Monumente Publikationen, Bonn, 2005, 202.

Kupisch, Karl: Agendenstreit, (Art.) RGG III, J.C.B. Mohr, Tübingen, 1957.

Ortega y Gasset, José: Der Aufstand der Massen (1930), Dt. Deutsche Verlags Anstalt, Stuttgart, 1957.

Pfarrchronik der Ringkirchengemeinde, Ms. im Archiv der Ev. Ringkirchengemeinde, erfasst von Ralf-Andreas Gmelin.

Protokollbuch des Kirchenvorstands der Neukirchengemeinde, nachmals Ev. Ringkirchengemeinde, Band I., 1892 – 1919, Ms. im Archiv der Ev. Ringkirchengemeinde.

Wiesbaden, Das Stadtlexikon. Magistrat der Landeshauptstadt Wiesbaden, hrg. von Cornelia **Röhlke** und Brigitte **Streich**, (Red.):. Theiss, Wissenschaftliche Buchgesellschaft, Darmstadt, 2017.

Roth, Michael, Weyer-Menckhoff, Stephan: Gelebte und behauptete Wahrheit, Thesen zu Religion und Fundamentalismus. In: Deutsches Pfarrerinnen und Pfarrerblatt 6/2021, 337-341.

Schlosser, Heinrich: Schlichtheit, Einfachheit und Monumentalität. Wie die Ringkirche gebaut wurde und ihre ersten Jahrzehnte. Ursprünglich: ders.: Ringkirche Wiesbaden, 1894-1919. Wiesbaden. 2006 neu herausgegeben von Ralf-Andreas Gmelin.

Schönfelder, Michael: Die Lutherkirche in Apolda, Wartburg Verlag, Weimar, 1994.

Schreiter, Johannes, Brandcollagen, Zeichnungen, Heidelberger Fensterentwürfe. Katalog hrg. von Hans Gercke, Hessisches Landesmuseum Darmstadt, Das Wunderhorn, Heidelberg, 1987.

Seng, Eva-Maria: Der evangelische Kirchenbau im 19. Jahrhundert, Tübingen, 1992.

Stange, Horst: Freimaurer in Wiesbaden. Eigenverlag Horst Stange, Wiesbaden2002.

Sulze, Emil: Die evangelische Gemeinde. Friedrich Andreas Perthes, Gotha, 1891, Nachdruck der Originalausgabe Hansebooks, Norderstedt, o.J.

Sulze, Emil: Ursachen und Wirkungen unserer Rückkehr zum katholischen Kirchenbau. (Art.) Protestantische Monatshefte, 9. Jahrgang, 1905, Heft 4, (offenbar Neuverwendung der Gedanken von 1881), Seite 121ff.

Walter, Matthias: Inszenierung des Heimischen in der sakralen Reformarchitektur der Deutschschweiz 1900 – 1920 ETH Zürich, Research Collection, 2015.

Veesenmeyer, Emil: Kirchenbau des Protestantismus und das so genannte Wiesbadener Programm. (Art.) Ev. Gemeindeblatt Dillenburg, in neun Teilen ab der Nr. 15/1895.

E. Abbildungsnachweis:

Mit herzlichem Dank für die freundliche Genehmigung der Rechteinhaber
(so weit feststellbar), Seitenzahlen:

Archiv der Ev. Ringkirchengemeinde: 3, 16, 26, 29, 30, 31, 32, 33, 35, 86, 88, 90, 92, 94, 98, 99, 101, 102, 111.

Bahns, Jörn, Otzen: 71.

Ev. Bergkirchengemeinde: 81.

Ev. Marktkirchengemeinde: 49.

Gmelin, Ralf-Andreas
Kapitelvignette, Titelseite vorn, Coverbild Buchrücken, Türendreiecke, 53, 80, 85, 109, 140, 203, 204.

Otzen, Johannes, Ausgeführte Bauten: 114, 123, 130.

Technische Universität Berlin, Charlottenburg: 69.

Unbekannte Quelle: 101, 119.

F. Index

Stichworte meist in der Schreibweise im Text.
Namen werden **fett** wiedergegeben,
geographische Begriffe *kursiv*.

186

G

189

K

R

**Religiöse Wirklichkeit ist immer eine
durch Zeichen vermittelte Wirklichkeit.**

Rainer Volp

Der zweite Band dieser Arbeit mit der Wiedergabe von Originaldokumenten:
Correspondenzen zum Bau der Ringkirche, *24,80 €.*

*Der dritte Band enthält Quellentexte aus dem letzten Baustellenjahr 1894,
die vom zweiten Bauleiter, Friedrich Grün gesammelt wurden:*
Correspondezen zur Ausstattung der Ringkirche, *8,20 €*

Wie es mit der Ringkirche weiterging?

Das erfahren Sie in der Arbeit des Verfassers zum Ringkirchenpfarrer und Dichter Fritz Philippi: Am 1. Januar 1910 wird Fritz Philippi Pfarrer an der Ringkirche. Er suchte in der völkischen Epoche seinen Weg.
In gleicher Ausstattung im **BoD Verlag** erschienen.
Gott, Natur und Tintenfinger.7,99 €, der Textband
mit dem Stand der Ermittlungen von Ralf-Andreas Gmelin,
ISBN 9 7837 44868136
Auch hier bekommen Sie einen Materialband – für Ihre eigene Urteilsbildung
Kirche und Kultur wohnen nun einmal bei einander im Erdenhaus, 16,99 €,
beide Bände auch als e-book.

Eine illustrierte Gemeindegeschichte

finden Sie in dem von Axel Sawert reich bebilderten Großformat, das Manfred Gerber mit lebendigen Texten versehen hat.
Es ist im Frankfurter Societätsverlag erschienen, 20 €.
ISBN 9 783955 423544

Alle Werke erhalten Sie in Ihrer Buchhandlung
oder über den entsprechenden online-Buchhandel.

Blick von der Ringkirche über ihr Laternchen
zur winterlichen Rheinstraße.